INTRODUÇÃO ÀS NARRATIVAS JORNALÍSTICAS

CONSELHO EDITORIAL

Alessandra Teixeira Primo – UFRGS
Álvaro Nunes Larangeira – UFES
André Lemos – UFBA
André Parente – UFRJ
Carla Rodrigues – UFRJ
Cíntia Sanmartin Fernandes – UERJ
Cristiane Finger – PUCRS
Cristiane Freitas Gutfreind – PUCRS
Erick Felinto – UERJ
Francisco Rüdiger – UFRGS
Giovana Scareli – UFSJ
Jaqueline Moll – UFRGS
João Freire Filho – UFRJ
Juremir Machado da Silva – PUCRS
Maria Immacolata Vassallo de Lopes – USP
Maura Penna – UFPB
Micael Herschmann – UFRJ
Michel Maffesoli – Paris V
Moisés de Lemos Martins – Universidade do Minho
Muniz Sodré – UFRJ
Philippe Joron – Montpellier III
Renato Janine Ribeiro – USP
Rose de Melo Rocha – ESPM
Simone Mainieri Paulon – UFRGS
Vicente Molina Neto – UFRGS

Bruno Souza Leal

INTRODUÇÃO ÀS NARRATIVAS JORNALÍSTICAS

Editora Sulina

Copyright © Bruno Souza Leal, 2022

Capa: Like Conteúdo
Projeto gráfico: Fosforográfico/Clo Sbardelotto
Editoração: Clo Sbardelotto
Revisão: Simone Ceré

Editor: Luis Antônio Paim Gomes

Dados Internacionais de Catalogação na Publicação (CIP)
Bibliotecária responsável: Denise Mari de Andrade Souza CRB 10/960

L435i   Leal, Bruno Souza
          Introdução às narrativas jornalísticas / Bruno Souza Leal. – Porto Alegre: Sulina, 2022.
          143 p.; 14x21cm.

          ISBN: 978-65-5759-086-7

          1. Jornalismo. 2. Sociologia. 3. Comunicação Social. 4. Mídias. I. Título.

                              CDU: 070
                                 316.77
                              CDD: 070
                                 301

Todos os direitos desta edição reservados à

EDITORA MERIDIONAL LTDA.
Rua Leopoldo Bier, 644 – 4º andar
Bairro Santana, CEP 90620-100
Porto Alegre, RS – Brasil
Tel.: (51) 3110-9801

sulina@editorasulina.com.br
www.editorasulina.com.br

Setembro / 2022
Impresso no Brasil / Printed in Brazil

Agradecimentos

Não tenho como nominar todas/os estudantes que, por vários anos, frequentaram as aulas de "Narrativas Jornalísticas" e outras disciplinas que ofertei, em especial dos cursos de graduação. Aprendi e continuo aprendendo a ser professor e pesquisador com elas/es, que foram testemunhas e companheiras/os de acertos, erros, inquietações e pesquisas sucessivas. A elas/es, um agradecimento que não se pode expressar em palavras.

Às/aos parceiras/os de pesquisa – amigas/os, colegas e/ou orientandas/os – pela partilha de descobertas e percursos.

Um agradecimento especial aos queridos Carlos Mendonça e Nuno Manna, pela leitura atenta dos originais e pelas sugestões preciosas à versão final deste texto.

Agradeço por fim ao Conselho Nacional de Desenvolvimento Científico e Tecnológico (CNPq), à Coordenação de Aperfeiçoamento de Pessoal de Nível Superior (Capes), à Fundação de Amparo à Pesquisa do Estado de Minas Gerais (Fapemig) e à Universidade Federal de Minas Gerais (UFMG), sem os quais as inquietações aqui presentes não teriam ganhado forma nem espaço.

Ao David, sempre.

SUMÁRIO

Introdução / 9

1 O que entendemos por "narrativa" / 15
1.1 Para começo de conversa / 15
1.2 Cotidianos / 20
1.3 Multiplicidades / 25
1.4 Pôr junto / 28
1.5 Saber, explicar / 36
1.6 Jornalismo e informação / 42
1.7 Narrativa e textualidade / 45

2 Narrativa e ficcionalidade / 51
2.1 Imaginar, pensar / 54
2.2 Ficção, ficcionalidade / 58
2.3 Políticas da imaginação / 65
2.4 Mitos / 69

3 Estéticas em confluência / 74
3.1 O realismo e suas ilusões / 75
3.2 Melodramas / 88
3.3 Sensações e sensacionalismos / 94

4 Éticas narrativas / 99
4.1 Testemunhar / 103
4.2 Polifonias / 115

Referências / 125

INTRODUÇÃO

Este livro busca lançar um olhar ainda pouco usual sobre os produtos jornalísticos e mediáticos, abordados a partir da sua condição de fenômenos narrativos. A narrativa aqui não é entendida como uma modalidade textual, e sim como um modo através do qual experiências são organizadas e compartilhadas. Sob essa perspectiva, diferentes relações e características se fazem ver, assim como outros desafios teórico-conceituais e modos de abordagem peculiares. As reflexões aqui apresentadas resultam da experiência acumulada, por vários anos, em disciplinas na graduação em Comunicação e em Jornalismo, em diferentes instituições de ensino, mas particularmente na Universidade Federal de Minas Gerais (UFMG). Em especial, na UFMG, ofertei com regularidade "Narrativas Jornalísticas", que exigiu e possibilitou, com o passar dos anos, a construção de um modo peculiar de aproximação e entendimento sobre os fenômenos jornalísticos, um esforço de configurar temas e de articular matrizes e perspectivas teóricas. Este livro materializa grande parte do percurso desenvolvido nessa disciplina. Diferentes pesquisas elaboradas no Programa de Pós-Graduação em Comunicação da UFMG, com apoio da

Coordenação de Aperfeiçoamento de Pessoal de Nível Superior (Capes), do Conselho Nacional de Desenvolvimento Científico e Tecnológico (CNPq) e da Fundação de Amparo à Pesquisa do Estado de Minas Gerais (Fapemig), em torno das narrativas mediáticas também foram decisivas para a mirada que se busca desenvolver. Esse olhar não tem como objetivo explicar, defender ou dizer como devem ser as narrativas e os processos jornalísticos. Ao contrário, busca fazer problema, enfrentar aspectos pouco trabalhados, seja por estarem muito naturalizados ou por serem muito complexos, e trazer à cena dimensões e relações que demandam atenção e estudo.

Ainda que em alguns momentos, nas páginas seguintes, a palavra "jornalismo" seja encontrada no singular, isso se dá em função de economia textual e comunicacional. "Jornalismo" é entendido aqui como experiências histórico-culturais diversas, variáveis, em diferentes tempos e realidades sociais. No Brasil e em países do Ocidente prevalece o que se chama de "jornalismo moderno" ou "jornalismo de notícias" (expressões aqui tomadas como sinônimas), com suas raízes na ciência e na epistemologia que predominaram no século XIX ocidental. Longe de constituir-se como um todo homogêneo, esse "jornalismo moderno" possui clivagens e contradições e, mais ainda, não compreende toda a diversidade das experiências jornalísticas (Nerone, 2015; Jácome, 2020; Barnhurst, 2016; Muhlmann, 2008, entre outros). Sem embargo, as reflexões apresentadas neste livro reconhecem não só a diversidade interna da chamada "instituição jornalística moderna" como também outros modos jornalísticos que se dão à sua margem ou para além dela. Diante de experiências históricas, um caminho produtivo é não tomar como guia parâmetros ou ideais normativos, que, no geral, tendem a situar-se fora do tempo e das condições concretas de existência.

Na direção contrária, é preciso abordar esses parâmetros e ideais criticamente, tal como são compreendidos e assumidos em contextos expecíficos.

Algumas escolhas orientam e conformam as reflexões aqui apresentadas. Em respeito à diversidade de gênero, busca-se evitar construções que privilegiam o masculino ("o repórter") ou o feminino ("a jornalista"). Não há solução canônica, na língua portuguesa, que incorpore essa preocupação. Alguns autores adotam soluções interessantes. O filósofo estadunidense Alphonso Lingis, por exemplo, faz oscilar, em seus ensaios, as referências a homens e mulheres e ao gênero, como caminho de abarcar a diversidade humana. Com isso, ele rompe com alguns preceitos normativos de sua língua de pensamento, o inglês. Esse embate com a norma culta, assim, é inevitável. A opção escolhida neste livro é outra, também arriscada. As palavras que demarcam gênero são sempre grafadas com uma barra transversal, que articula suas flexões no feminino e no masculino. Assim, fala-se sempre em "interlocutoras/es", em "as/os" repórteres, "as/os" jornalistas. A barra que separa "as/os" também os unifica, permitindo-nos ir além dos binarismos usuais.

Outra escolha diz respeito aos exemplos. Há vários ao longo das páginas seguintes. No entanto, este livro não traz nenhum estudo de caso, nenhuma análise detida sobre esta ou aquela narrativa ou situação. Da mesma forma, se há uma atenção especial às narrativas jornalísticas, as reflexões e exemplos se estendem para além delas, alcançando outros produtos e processos mediáticos. Em parte, isso se dá porque as reflexões e articulações apresentadas não se resumem ou são restritas aos fenômenos jornalísticos. Em parte, porque há uma recusa deliberada das purificações, das dicotomias e das demarcações *a priori*. As narrativas são inumeráveis e complexas, são parte de dinâmicas sociais e processos comunicacionais multifacetados e não se deixam aprisionar por categorias ou limites que as simplificam, por mais difundidos que estes sejam. Leitoras/es podem sentir falta de uma discussão propriamente metodológica, que sugira ou indique consequências analíticas e operacionais dos entendimentos aqui elaborados. Neste momento, porém, o esforço se concentrou na construção de uma perspectiva, de um modo de olhar, deixando a apresentação da reflexão metodológica acumulada nas diferentes pesquisas e em sala de aula para um segundo momento.

O entendimento do jornalismo como experiência histórica não faz deste livro um livro de História. As referências à diversidade de experiências jornalísticas e mediáticas no tempo e no espaço servem a um propósito reflexivo, de aproximação crítica a diferentes fenômenos e processos. Não há uma matriz teórica única que organiza e orienta o percurso empreendido aqui. O ponto de partida, que subjaz a toda a reflexão, é um entendimento da narrativa que se afasta, como disse, do seu encapsulamento como uma modalidade textual. Ao buscar olhar o jornalismo à luz das narrativas, proponho um percurso por diferentes relações, aspectos, conceitos e perspectivas teóricas. O esforço aqui, então, é de precisão (abordar e apresentar conceitos e relações de modo pertinente), densidade e tirar articulação (termos, conceitos e relações entre si e com fenômenos e processos específicos), de modo a desnaturalizar tratamentos usuais, trazer questões e estimular curiosidades e inquietudes.

O percurso empreendido neste livro envolve quatro movimentos que se supõem complementares. O primeiro deles, no Capítulo 1 ("O que entendemos por 'narrativa'") aborda o conceito de narrativa e algumas relações fundamentais. Nesse momento, são apresentados perspectivas e entendimentos que, por um lado, lançam um olhar peculiar sobre os fenômenos jornalísticos e mediáticos e, por outro, servem como alicerces para as reflexões seguintes. O Capítulo 2 ("Narrativa e ficcionalidade") aborda um aspecto fundamental das narrativas já indicado na seção anterior, que ganha atenção específica dadas as suas complexidades e nuanças, muitas vezes simplificadas ou borradas no cotidiano. Entre esses matizes, está o vínculo entre imaginação e pensamento, que se materializa inclusive na constituição de tradições epistêmicas específicas e no jogo entre inovação e sedimentação de conceitos, sentidos e experiências.

O Capítulo 3 ("Estéticas em confluência") dá um passo à frente nessa discussão e observa aspectos ideológicos e epistêmicos numa face especialmente pouco explorada dos fenômenos jornalísticos: os modos como as histórias são contadas. Entre as diferentes tradições estéticas que se fazem presentes no jornalismo e em outros processos mediáticos, nos dedicamos especialmente a três, pela sua importância e centralidade: o realismo, o melodrama e o sensacionalismo. A partir deles, descortinamos, no Capítulo 4, o que chamamos de "éticas narrativas". Distantes de visadas normativas ou deontológicas, as discussões desenvolvidas nesse momento compreendem implicações epistêmicas e ideológicas das narrativas jornalísticas e mediáticas, a partir de dois conceitos-chave, o testemunho e a polifonia.

Como se verá, menos que indicar um caminho apaziguador para os fazeres jornalísticos e mediáticos, nos deparamos com inquietações, instabilidades ou desafios que escapam a regras ou protocolos. A própria expressão "éticas narrativas" se assenta nas mediações imperfeitas, nas soluções provisórias que cada história performa, nos seus processos de figuração de mundos possíveis, nas suas articulações com realidades, ideologias e acontecimentos, nas suas intrínsecas dimensões estéticas. O Capítulo 4, nesse sentido, é uma consequência dos movimentos anteriores, mas está longe de ser uma conclusão. Trata-se, ao contrário, de mais uma abertura, algo já buscado nos capítulos que o antecederam. Não leia este livro, então, buscando respostas. Espero, porém, que encontre boas perguntas.

1
O QUE ENTENDEMOS POR "NARRATIVA"

1.1 Para começo de conversa

Em geral, quando falamos em narrativa, ao menos duas imagens se formam em nossas mentes. Uma delas é recorrente nos ensinos fundamental e médio, que muitas vezes caracterizam os textos em "narrativos", "descritivos" e "dissertativos", por exemplo. Sem entrar no mérito dessa divisão, vemos que nela a narrativa é uma modalidade textual, caracterizada pelo contar histórias. Outra imagem não tem uma fonte de referência tão identificável, pois circula na vida social de modo tão difuso quanto as diferentes narrativas com as quais estamos acostumados. Através dela, associamos as narrativas muitas vezes à ficção e tantas outras a modos específicos de narrar, como aqueles típicos do cinema comercial hollywoodiano e das telenovelas. Não raro, nessa imagem, a narrativa se apresenta como predominantemente linear, assentada em fórmulas identificáveis e envolta em esforços de demarcação, de distinção entre obras e modos de contar histórias: "Isso é bem novela", "parece filme de ação", "é muito diferente de um romance", e por aí vai.

Na perspectiva que orienta este livro, a narrativa tem certamente uma face textual, ou seja, ela se apresenta frequentemente como um texto, embalado e pronto para ser consumido em diferentes processos e circuitos comunicativos, dos mais industriais aos mais "artesanais". Lemos romances, vemos filmes, séries e novelas, ouvimos *podcasts*, conhecemos casos famosos e cotidianos nas nossas redes sociais e afetivas, e essas histórias já nos chegam, em sua maioria, sob a forma de um texto acabado, por mais que algumas vezes se tente disfarçar isso. Mas narrar é mais que uma forma textual, pois está intimamente ligado à apreensão e à inteligibilidade das coisas e de nós mesmos. A narrativa é um modo, antropologicamente situado, de dar sentido ao mundo, aos acontecimentos, às pessoas. É ela mesma um agir, que contribui para dinâmicas das relações culturais e das experiências humanas.

Uma das frases mais emblemáticas e citadas do semiólogo francês Roland Barthes remete às "inumeráveis narrativas" do mundo. Presente num dos textos clássicos do estruturalismo, a frase hoje serve, talvez ironicamente, à valorização da diversidade das narrativas em detrimento à abordagem que busca suas estruturas básicas ou comuns. Presentes em diferentes realidades histórico-sociais, as narrativas são um componente fundamental da experiência humana e são partes intrínsecas da nossa diversidade cultural. Por isso são inumeráveis e por isso sua riqueza. Através delas conseguimos dar sentido às nossas ações, aos acontecimentos, ao tempo e, assim, conformar realidades. Fazemos isso a partir do substrato ético-cultural, historicamente construído, que constitui o que entendemos ser o *nosso* mundo. Como apontam os antropólogos Marisol de la Cadena (peruana) e Mário Blaser (canadense) (2018); e os brasileiros Eduardo Viveiros de Castro e Deborah Danowski (2015), entre outros, vivemos no mesmo planeta, mas diferentes povos e suas culturas construíram os vários mundos que fazem a experiência humana na Terra.

Quando uma pessoa vem ao "seu mundo", este já se encontra "pronto": o planeta já está em movimento, as realidades histórico-sociais já estão instituídas e incidem nos rituais e condições que definem o nascimento de alguém. E no exato momento desse nascimento, uma série de situações estão em desenvolvimento ao redor dessa pessoa, daquelas/es que lhe serão próximos, da sociedade em que vive e nas diferentes partes do globo terrestre. À medida que o tempo passa, essa pessoa agirá, lidará consigo e com outros, viverá a passagem do tempo e as transformações de si e do que a cerca. Como dar sentido a tanta coisa, a esse caos de múltiplas pessoas, afetações, acontecimentos, emoções e situações?

"Sentido", como nos lembra o filósofo estadunidense John Dewey (2010), é um termo que condensa diferentes núcleos semânticos. Segundo o dicionário Houaiss, "sentido", em bom português, tem como sinônimos: razão, discernimento, senso, percepção, faculdade de perceber uma modalidade específica de sensação, fim, propósito, encadeamento coerente, atenção, cabimento, cautela, orientação, significado, magoado, ressentido, impregnado de sentimento, lamentoso, pressentido, entre outros. Quando se diz, então, que as narrativas dão sentido ao mundo, isso é a ponta de conjunto complexo de relações.

Conhecendo e contando histórias, qualquer um/a de nós maneja uma ferramenta que nos é disponibilizada nos vários mundos humanos. É através delas que as pessoas que a recebem no mundo a auxiliarão, ainda na tenra infância, a saber das coisas. Em algum momento inicial de sua vida, um/a de nós ficará fascinada/o pelas histórias que não cansará de ouvir e, com isso, aprenderá algumas operações importantes para que possa aos poucos se ver parte das narrativas do mundo e construir as suas próprias, através de seus caminhos e circunstâncias. Adulta, essa pessoa responderá narrativamente a enigmas que a cercam e para os quais encontra respostas que podem ser mais ou menos confortáveis, mais ou menos fugazes ou seguras. Quem eu sou? De onde vim e para onde vou? Qual o sentido de estar aqui, de estar viva? A sua biografia será escrita em histórias contadas por ela e por outras pessoas. O sentido da vida pode ter a forma de um mito, de uma parábola religiosa, de um conto ficcional ou de uma teoria científica, por exemplo, mas será inevitavelmente uma história.

Ao construir as suas histórias, seja de qual qualidade for, uma pessoa exercita então sua capacidade de agir no mundo. Afinal, as histórias que ela constrói, para si, para e com os outros, produzem imagens, interpretações, ofertam sentido a pessoas, acontecimentos, afetos e situações. É certo que essas histórias podem ser mais ou menos fantasiosas, mas todas elas são tanto formas de lidar com a realidade em que se vive quanto construções elaboradas com elementos ali presentes. E mesmo que essa história seja muito semelhante a outras já existentes é ela mesma um acontecimento, parte do agir dessa pessoa que, assim, se esforça para organizar, de alguma forma, a miríade de dimensões que perpassam o estar no mundo.

A profusão de narrativas que nos envolvem e nas quais nos envolvemos leva o antropólogo francês Marc Augé a perguntar:

[...] a vida real que vivemos e da qual somos testemunhas a cada dia, psicólogos ou não, etnólogos ou não, hermeneutas ou não, não se apresenta por acaso como um intricado tecido de intrigas, histórias, acontecimentos, que afetam a esfera privada ou esfera pública, que nos narramos uns aos outros, com maior ou menor talento e convicção? (1998, p. 17, tradução nossa).

Refletindo então sobre "a vida como relato", em um diálogo crítico e breve com Clifford Geertz e Paul Ricoeur, Augé faz observações importantes, partindo desse entendimento de que somos culturalmente constituídos e perpassados por narrativas, sobre as quais atuamos, de algum (mesmo microscopicamente) modo. Em muitas delas, como, por exemplo, as histórias de um país ou de uma geração, não somos protagonistas, ainda que elas sejam nossas e digam (com mais ou menos talento ou convicção, nos lembra Augé) sobre nós. Como indivíduos histórica e socialmente situados, *vivemos* essas histórias. Como seres humanos, no exercício de nossas capacidades, atuamos nesse profuso manancial à nossa disposição para criar nossos mundos e realidades, sejam eles fantasiosos, ideais, engajados, escapistas...

"Vivemos simultaneamente várias narrativas, quem há de duvidar?", indaga Augé, que recorre ao exemplo um torcedor de futebol para ilustrar essa sobreposição irresolvida de diferentes histórias, simultaneamente individuais e coletivas. Diz ele:

> O aficionado por futebol vive à espera das peripécias e sobressaltos da história campeonato, e quando digo *vive* a espera, o digo em sentido literal: esta aventura forma parte de sua vida e existe essencialmente na qualidade de um relato confeccionado pela ele mesmo e para outros; o que não significa que o aficionado por futebol

não viva também outras histórias, que não se interesse por sua família, seu trabalho ou a política, por exemplo (1998, p. 22, tradução nossa).

Nessas diferentes histórias, alguns dos papéis a nós atribuídos vivemos de modo mais pessoal, mais vital. Quem há de questionar que o futebol é mesmo algo muito importante para quem é torcedor/a, ainda que para muita gente a visão de 20 homens ou mulheres correndo atrás de uma bola para chutá-la logo em seguida não faça o menor sentido, menos até que aquelas pessoas que ficam para lá e para cá no campo, por vezes gesticulando e apitando loucamente, em meio a essa correria toda. Algumas das histórias que nos são disponibilizadas ao habitarmos este planeta e os mundos humanos que ele abriga nos tocam mais que outras. Algumas dessas histórias podem chegar a ser até, para nós, desconhecidas ou indiferentes. Há momentos, porém, que é quase irresistível nos envolvermos com elas, a ponto, como lembra Augé, de querermos contá-las a outros, próximos e distantes, na forma de diários ou postagens em redes sociais, de romances, biografias ou das crônicas cotidianas que povoam nossas relações e nossos envolvimentos com as pessoas e os mundos que nos cercam.

1.2 Cotidianos

Quando percebemos que vivemos diferentes narrativas simultaneamente, passamos a entender nosso cotidiano também de outra forma. Frequentemente, "cotidiano" é associado ao tédio, ao banal, ao rotineiro, ao esquemático. Na música popular brasileira, por exemplo, duas canções, frequentemente associadas (a partir de uma versão tornada pública pelos autores na década de 70, em um *show* e de um disco em conjunto), explicitam esse tom de banalidade: "Todo dia ela faz tudo sempre igual", escreveu Chico Buarque, enquanto Caetano Veloso afirmava que queria ir embora, que queria "dar o fora", no *medley* clássico das canções "Cotidiano" e "Você não entende nada".

Nos estudos em Comunicação, essa imagem do cotidiano aparece associada aos acontecimentos e aos estudos de noticiabilidade. A formulação muito conhecida do português Adriano Duarte Rodrigues (2010), nos seus importantes estudos sobre comunicação e cultura, é um exemplo quase incontornável: o acontecimento é o que "irrompe a superfície lisa do cotidiano". A ideia da notícia como algo importante, excepcional, pressupõe, portanto, o entendimento de fatos e situações corriqueiras, comuns, correntes, comezinhas até, que seriam uma espécie de chão, de fundo, uma "superfície" amorfa, habitual e difusa na qual o excepcional noticiável se destacaria (irromperia, quebraria, deslocaria etc).

Na direção contrária, distintas perspectivas apontam precisamente para o oposto: "cotidiano" não é nem sinônimo de "banal", nem de "homogêneo". Como a pesquisadora brasileira Beatriz Bretas sintetiza:

> Dentre as várias formas de compreender a noção, é possível compreender o cotidiano enquanto categoria da existência, dimensão ontológica da realização da vida que se marca pela experiência. As relações que se dão em diferentes espaços sociais – da família, do trabalho, do lazer – moldam o cotidiano, visto como ambiência carregada de elementos contraditórios, ocupado por sucessões e por irrupções que podem alterar essas sucessões (2006, p. 29-30).

As expressões "experiência", "realização da vida" e "categoria da vida" não são gratuitas, assim como "elementos contraditórios". Se o cotidiano é "categoria da vida" e onde se dão nossas experiências, ele não pode ser jamais algo (somente) aborrecido e tedioso, pois é nele que nossas alegrias, tristezas, surpresas, descobertas e decepções, para dizer o mínimo, acontecem. O cotidiano é onde e quando vivemos, onde e quando agimos, experimentamos a nós, aos outros; onde e quando percorremos e habitamos mundos e o planeta.

O historiador francês Michel de Certeau (1998) nos seus estudos sobre a "invenção do cotidiano", publicados inicialmente nos anos 1980, afirma e expõe o cotidiano como o lugar de ação e criatividade, onde artes do fazer, estratégias e táticas são possíveis e produzem modos peculiares de experiência, atravessados por tensões e temporalidades. Tomando a cultura como algo vivo e heterogêneo, na qual convivem ações de poder mais institucionalizadas e dominadoras e os agires das pessoas (o "povo", os "populares") que são sob esse jugo, Certeau chama a atenção para as artes do fazer subversivas, criativas, inteligentes, em certa medida indisciplinadas, que se dão no dia a dia.

Um exemplo, apresentado logo no início do primeiro dos dois volumes de sua obra, explicita o ponto de partida e a perspectiva geral do entendimento do historiador francês. Certeau lembra que pessoas indígenas da América "rachavam", de dentro, o sucesso dos conquistadores espanhóis, uma vez que "...faziam das ações e leis que lhes eram impostas outra coisa que não o que o conquistador julgava obter por elas" (1998, p. 39). Para ele, um "equívoco semelhante" se apresenta quando se toma "povo", "populares", "cultura" e "cotidiano" sob perspectivas homogeneizadoras, que valorizam aspectos e dinâmicas dominantes e deixam à grande parcela da população apenas a passividade amorfa. Há na cultura popular um "uso" tático e criativo daquilo que viria das "elites" que explicita tanto as vivacidades das artes de fazer quanto seus contornos e suas contradições. No Brasil, a defesa de Certeau da inventividade do cotidiano inspirou trabalhos diversos, como, por exemplo, o belo estudo de Bruno Martins (2007) sobre a tipografia popular.

Antes de Certeau, porém, a pesquisadora húngara Agnes Heller, em meio à revisão do marxismo que se deu na Europa especialmente nos anos de 1960, já alertava para a indissociação entre o viver humano, a cultura, a história e o cotidiano. Heller cunhou uma frase emblemática: "A vida cotidiana é a vida de todo homem", ou seja: "o homem participa da vida cotidiana com todos os aspectos da sua individualidade, de sua personalidade" (2008, p. 32). É como se fizéssemos uma pergunta simples: existe algo na vida de alguém, de alguma pessoa, que não ocorra em seu cotidiano? Vivemos dia a dia, no dia a dia e os acontecimentos mais absurdos, os mais inusitados, situações trágicas e momentos felizes se dão em meio ao que nos é mais habitual. Vivemos um dia de cada vez e pouco a pouco nos aproximamos da morte. Há vida, então, que não seja vivida cotidianamente? Para Heller, o cotidiano é a substância da vida social e o "centro" da História.

Ao afirmar que a vida cotidiana é a vida de todo ser humano, Heller faz algumas observações importantes. Amadurecer, diz ela, significa que adquirimos as habilidades que nos permitem nos conduzirmos cotidianamente. Esse amadurecimento expõe uma dualidade: somos, como pessoas, simultaneamente singulares e genéricos; somos ao mesmo tempo seres únicos, irrepetidos e irrepetíveis, e somos também "mais um/a", um ser humano a mais, nas diferentes subcategorias culturais que nos identificam; somos então um homem e mais um homem, uma mulher única e uma mulher como as outras; uma criança peculiar e mais uma no grupo, na escola, na turma; e por aí vai.

Essa condição dual, de singular e genérica/o, aponta para a heterogeneidade do cotidiano. Heller observa que percorremos dia a dia diferentes mundos cotidianos: o do trabalho, do lazer, da família, dos amigos etc. À medida que amadurecemos, aprendemos as regras, valores e modos de existência nesses mundos e no trânsito entre eles. E várias/os de nós já se sentiram desafiadas/os a ter que "entender" ou "se integrar" a realidades novas, respondendo com maior ou menor rapidez ou desenvoltura a esse desafio. No entanto, dizer que o cotidiano é heterogêneo não é afirmar que todas as realidades e mundos que comporta são equivalentes. Agnes Heller é explícita: "...a significação da vida cotidiana, tal qual seu conteúdo, não é apenas heterogênea, mas igualmente hierárquica" (2008, p. 32).

Se é no cotidiano que vivemos alegrias e tristezas, é também nesse dia a dia que lidamos com as diferentes relações de poder que nos conformam, que organizam nossas posições e nas quais atuamos. No cotidiano, as dinâmicas histórico-sociais de poder organizam realidades e mundos, estabelecendo aqueles que são (ou deveriam ser) de referência, o que nos é possível ou provável, o que está ao nosso alcance ou que habitará os sonhos distantes, que papéis (e corpos e identidades) nos são reservados, quais devemos desejar e quais seriam, por outro lado, abjetos. As hierarquias são parte do cotidiano, organizam a sua heterogeneidade constitutiva. Por isso mesmo, e Heller faz esse alerta categoricamente, as hierarquias são modificáveis, não sendo (por mais que possam parecer) eternas e imutáveis, pois estão diretamente vinculadas às relações de poder e às dinâmicas de transformação e conservação econômico-social.

1.3 Multiplicidades

A diversidade de mundos humanos que existem no planeta se soma então à variedade de realidades que constituem e compõem o dia a dia de cada um/a de nós. Num nível mais abrangente, planetário, observamos povos, línguas e culturas muito diversas, que se orientam por histórias, parâmetros e referências próprias, ao passo que interagem com forças e dinâmicas também amplas, envolvendo países e nações, regiões e continentes. A convivência desses mundos é sem dúvida bastante complexa em seus aspectos geopolíticos, econômicos e culturais, em meio aos processos homogeneizadores, de globalização e colonialidade, às lutas de resistência e criatividade, aos trânsitos individuais, aos fluxos migratórios, à construção e derrubada de muros e fronteiras, aos genocídios, guerras e atrocidades. A heterogeneidade cotidiana nos conecta, de alguma forma, a essa escala mais ampla, abrigando diversidades de tempos e espaços, de modos de existência, de conhecimento e de saber, de entendimentos acerca de cada pessoa, de cada mundo, do ser humano, da vida social e do planeta. Cotidianos e realidades estão constantemente em disputa, assim como valores e formas de conhecimento. Em meio a esses fluxos, a essas tensões, contradições e diálogos, transitamos por tempos, espaços e realidades, nem sempre conscientes das suas dimensões políticas e epistêmicas. A diversidade é sem dúvida uma característica da experiência humana na Terra. No entanto, a conversão da multiplicidade cultural em desigualdade social não é óbvia e explicita as dinâmicas de poder que constituem nossos cotidianos e das quais nenhum/a de nós está imune.

No dia a dia, a convivência com a heterogeneidade social é naturalizada pelos hábitos, pelos comportamentos cotidianos, que não impedem, porém, momentos de deslocamento e choque. Como observado em Leal e Gomes (2020) e pelo pesquisador brasileiro Nuno Manna (2021), as catástrofes cotidianas e o atordoamento a elas vinculado podem acontecer a qualquer momento, desde que um/a de nós desloque-se mínima ou provisoriamente dos modos naturalizados de entendimento da vida. O crítico estadunidense Matthew Gumpert (2012) observa, nesse sentido, que mesmo uma obra impressionante de engenharia, como uma ponte, pode ser vista como uma catástrofe. Essa ponte pode cair e resultar num grande desastre, sem dúvida, mas as alterações que ela promove, como a junção dos espaços em nome de um determinado fluxo temporal, econômico e cultural, podem ser elas mesmas uma calamidade. Muitas/os de nós passamos por estradas, pontes e viadutos todos os dias e os vemos como parte dos nossos mundos habituais. No entanto, em algum momento pode acontecer de nos darmos conta do "seu lado catastrófico", com o qual convivemos cotidianamente, seja por observarmos as relações que impõem, as que excluem ou impedem, seja ao nos atentarmos a como organizam e hierarquizam modos de vida, seja quando vemos que esses "equipamentos urbanos" definem quem por ali pode passar, como fazê-lo, quem vive à sua margem ou à sua sombra etc.

O modelo de desenvolvimento econômico adotado no Brasil e em vários países é caracterizado pela destruição e construção contínua de espaços, tempos e relações. Cidades são apagadas para a construção de outras; casas e pessoas são removidas para dar lugar a ruas, pontes, avenidas e projetos imobiliários; florestas são derrubadas, rios são deslocados, mortos e/ou canalizados; populações são excluídas, tornadas indesejáveis ou até mesmo exterminadas. Essas e outras tensões são parte da vida cotidiana e dizem respeito também às disputas acerca do que é certo ou errado, do que é verdade ou não, dos modos como devemos compreender a nós e às/aos outras/os, aos valores que orientam nossas ações e nossos entendimentos sobre passados, presentes e futuros.

Se tomamos o cotidiano − heterogêneo e hierárquico, estratégico e tático, habitual e criativo – como o ambiente em que vivemos e no qual experienciamos a nós mesmos e a nossas interações, podemos então entender um pouco mais as narrativas, não como modalidades textuais, e sim como recursos para compreensão, interpretação e ação diante da multiplicidade e da desigualdade que nos marcam. Quando nascemos, os diferentes mundos que constituirão nosso cotidiano já existem, com suas regras, suas histórias, suas disputas, tensões e localizações. Somos atravessados por diferentes temporalidades, ao passo que nos movemos por distintas espacialidades. A multiplicidade temporal e espacial em geral é organizada a partir de construtos sociais que se oferecem como parâmetros comuns a todas/os, como é o caso dos calendários, dos mapas e dos sistemas de medição de distâncias e velocidades.

No entanto, esse "comum" não alcança "todo mundo". Numa mesma cidade, nem todas/os que vivem ali são cidadãos com os mesmos direitos e as mesmas possibilidades de ação e movimento. Há mais de um calendário formal adotado pelos diferentes países, que convivem ainda com outros modos (populares e/ou tradicionais, por exemplo) de marcação do tempo. Da mesma forma, há distintos parâmetros e modos de cartografar e organizar distâncias e tamanhos. A convivência com essas temporalidades e espacialidades não pressupõe harmonia, e sim, ao contrário, tensão e disjunção. Cotidianamente, temos que lidar com as temporalidades que nos atravessam e as espacialidades que habitamos muitas vezes em embate com os sistemas que buscam regularizá-las. Os modos de conformação das experiências temporais e espaciais são parte das relações de poder que constituem as relações e os mundos humanos e se caracterizam pelos seus embates e contradições. Cada um/a de nós porta mais de uma identidade, vive na encruzilhada de diferentes mundos, que não simplesmente se sobrepõem: eles se tensionam, se chocam, convivem em constante desarmonia, friccionam-se irresolvida e irresolutamente. Essa disjunção adquire contornos específicos conforme as dinâmicas de poder, nas diferentes partes do planeta, tendo necessariamente contornos políticos e epistêmicos, como observam pensadoras/es como o equatoriano Aníbal Quijano (2009) e a aimará-boliviana Sílvia Rivera Cusicanqui (2018), entre outros, tendo como referência a América Latina. Nesse sentido, narrar se torna uma ação importante, crucial, pois não só conseguimos dar uma forma provisória a uma parte dessa multiplicidade como nos posicionamos em relação a ela.

1.4 Pôr junto

À medida que uma pessoa se desenvolve, ela, por um lado, vai aprendendo (mas não "resolvendo") tanto os modos de ser desses mundos quanto como transitar, ter contato e habitar diferentes realidades. Por outro, vai também lidando com os diferentes acontecimentos que se dão num mesmo marco temporal e em dimensões temporais distintas (que podem ser contemporâneas ou não). Se, numa espécie de experimento, isolarmos um dado intervalo de tempo, mínimo que seja, na vida de alguém, talvez surpreenda a muitas pessoas perceber a diversidade de acontecimentos que se desenvolvem ali, simultaneamente. Além dos acontecimentos mentais, emocionais e biológicos dessa pessoa – uma vez que ela é, como lembrou Augé, parte de diferentes histórias –, poderíamos ver muita coisa se suceder nesse recortado intervalo de tempo. Ou seja, nos depararíamos com o entrecruzamento de tempos e temporalidades que ali se inscrevem. O esforço de organizar minimamente esse aparente caos de acontecimentos – que, aliás, têm durabilidades e demandas interpretativas distintas – não se mostra algo fácil. Fica mais difícil ainda se pensarmos que essa pessoa tem ciência de ocorrências diversas que (ao menos em princípio) não a envolvem diretamente e que chegam a ela via mídias, redes e relações sociais várias. Caracterizar as conexões desses "outros" acontecimentos com a sua vida é também um desafio incontornável.

Como observa o sociólogo francês Louis Quéré (2005, 2010, 2012), os acontecimentos não são explicáveis em si mesmos, demandando ações interpretativas que estão intimamente articuladas aos seus poderes de afetação. Sejam eles grandes, regulares, pequenos ou imprevisíveis, os acontecimentos, ao afetarem as pessoas, exigem que elas ajam para dar sentido e valor a eles. Essa relação com os acontecimentos, para Quéré, é da ordem da investigação, como um percurso que uma pessoa desenvolve à medida que vai sendo afetada e organizando os sentidos daquilo que ocorre a ela. Essa investigação em movimento pode ser realizada com os recursos do hábito, que minimiza ao máximo os acontecimentos ao tomá-los como iguais, repetidos, reconhecíveis. Pode se dar também sob o signo do atordoamento, ou seja, da desorganização, por vezes radical, de nossas ferramentas habituais.

Em todos os casos, os acontecimentos convocam as pessoas a agir, sendo elas, portanto, agentes e pacientes das ocorrências. Ao desenvolver seu percurso interpretativo pelo que ocorre com ela, cada pessoa realiza uma operação básica e fundamental a toda narrativa: ela necessariamente começa a tecer uma intriga. Em português, o termo "intriga" é sinônimo de "trama" e de "enredo" e, conforme o uso, essas palavras ora são intercambiáveis ora podem designar aspectos ou relações específicas. Assim, por exemplo, não é pouco usual encontrarmos referências ao enredo do filme, à trama da novela, ou à intriga desta ou daquela narrativa policial. Ao dizer de um "tecer a intriga", porém, importa destacar menos o resultado e mais a ação que resulta na construção narrativa.

Segundo o filósofo francês Paul Ricoeur (2010), o tecer a intriga é a "célula melódica" de toda e qualquer narrativa. Essa operação envolve duas ações simultâneas: narrar é um "pôr junto" diferentes elementos (eventos, personagens, espaços, tempos, ações), organizando-os de modo a dar-lhes inteligibilidade, o que só é possível de ser feito a partir de um "substrato" comum de valores e relações. Assim, tecer a intriga é tanto um "pôr junto" único e singular quanto um atualizar dessas relações preexistentes. Ricoeur utiliza os termos "convergência" e "divergência" para caracterizar o movimento aparentemente paradoxal de toda narrativa. Ao articular elementos diferentes (pessoas, ações, acontecimentos, espaços, tempos), uma narrativa produz uma convergência sem que se apaguem as diferenças entre eles. Esse "estado de coisas" só existe provisoriamente, na história que é contada.

Assim, quando uma pessoa faz uma associação simples, como "desde criança, adoro bichos", esse começo de narrativa junta tempos passados (o da infância) ao presente e lhes dá um caráter de permanência. Há uma característica que se mantém do passado ao presente (e potencialmente é projetada no futuro) e que ainda define a qualidade de uma pessoa ("eu") pela relação com seres outros (os "bichos"). Esse juntar de elementos tão distintos faz sentido na convergência estabelecida pela frase, especialmente se observamos seu valor e seu papel na situação comunicacional em que emerge. "Eu", "bichos", "criança", "adorar", passado, presente e futuro continuam sendo coisas diferentes, mas postas juntas possibilitam a construção de uma imagem apreensível a alguém.

Um outro exemplo, mais assumidamente narrativo. Em uma pequeníssima história, como "Expectativa do PIB faz dólar cair e bolsa disparar", temos novamente diferentes agentes, tempos e espaços articulados, com alguma dramaticidade, configurando um conjunto de relações apreensível e, em certo nível, coerente. É possível que pessoas não só discordem desse encadeamento como entendam que há outros fatores e agentes que devem ser levados em conta, mas aí é outra história. Ao pôr junto PIB, dólar, bolsa, ontem, hoje e amanhã, essa pequena história (muito usual em mídias informativas) faz convergir diferenças sem apagá-las. Essa articulação, possível, é uma forma entre outras e, portanto, não só é provisória como passível de ser reelaborada.

Esses dois rápidos exemplos favorecem a convergência à divergência nas narrativas que elaboram. No entanto, essa escolha não é a única possível. O "pôr junto" que constitui o narrar se apresenta efetivamente como uma tensão irresolvida entre articulação e diferença, que encontra uma forma provisória na história que é contada, quando ela é contada. A opção a favor da convergência ou da divergência está ligada à intencionalidade da narrativa e dos posicionamentos políticos e epistêmicos de quem conta a história. Nos dois casos citados, favorece-se a convergência, pois é através dela que certo sentido de identidade é instituído ("eu" se define por "gostar de bichos") e um entendimento do mundo é afirmado no estabelecimento de relações causais tomadas como inequívocas.

A convergência na divergência, que é base de qualquer narrativa, só é possível porque narrar é um ato simbólico, que tem como "matéria-prima" signos e linguagens constituídos e disponibilizados culturalmente. Há, então, na própria condição de nascimento de uma narrativa um conjunto de mediações que constituem a base para qualquer agir. Esse fundamento é a cultura, as relações simbólicas que marcam e constituem as realidades humanas. A expressão "substrato ético-cultural" (heterogêneo e múltiplo) é usada por Ricoeur, com forte inspiração no pensamento do antropólogo estadunidense Clifford Geertz, para designar a realidade cultural, o universo simbólico, pleno de mediações e signos, no qual existimos e que nos fornece parâmetros, finalidades, condições e possibilidades de agirmos. O gesto propositivo de contar histórias, ou seja, de pôr junto tempos, espaços, ações, agentes, situações diversas, é uma "imitação criativa" dessa realidade cultural (em suas contradições) e faz existir, nesse mesmo ambiente, um mundo constituído narrativamente.

Estamos então no circuito, espiralado, a meu ver, do que o filósofo francês chama de "tríplice mimese". Retomando o pensamento clássico de Aristóteles, Ricoeur destaca, a exemplo de outros, como o alemão Wolfgang Iser e o brasileiro Luis Costa Lima, o caráter produtivo da "mímesis", termo grego que é a origem da palavra "imitação", em português. Ao longo dos anos, muitos entendimentos chamaram a atenção para a dimensão de reprodução existente em qualquer ação poética, ou seja, em qualquer agir criativo nas linguagens. Na perspectiva que desenvolvemos aqui, porém, esse reproduzir, que compõe a tessitura da intriga, o ato de pôr junto, é apenas parte do processo, que se completa com a construção de um mundo peculiar, original, na história que é contada e elaborada com os elementos de uma dada realidade cultural.

Nos termos de Ricoeur, esse "substrato ético-cultural" constitui o que ele chama de "mimese I", ou seja, dos mundos prefigurados, das condições históricas e sociais que tornam possível qualquer narrativa. No momento em que passamos a contar uma história, já estamos configurando uma realidade própria, um mundo que, sendo parte dessa realidade cultural, passa a existir poeticamente pelas artes narrativas, sendo visualizável, acessível, habitável e compartilhável. Esse "mundo narrativo" seria o momento da "mimese 2", ou seja, é quando os elementos existentes na realidade cultural são selecionados, combinados e arranjados para produzirem uma história.

Essa história, porém, não tem um fim em si mesma. Ela é um ato social e comunicativo. Ela existe como ligação entre quem conta e para quem ela é contada. Ao ouvirmos essa história, ao entrarmos em contato com o mundo configurado narrativamente, a inserimos na nossa realidade, na nossa vida. Tomamos essa história como nossa, a fazemos nossa, mesmo que seja para esquecê-la, inseri-la num rame-rame cotidiano, ou que, na direção oposta, a tomemos como marcante, como uma companhia que levamos ao longo do nosso dia a dia. Ricoeur chama esse tomar para si da narrativa de "mimese 3", de "mundo refigurado".

Importa nesse circuito mimético observar alguns pontos fundamentais. Um deles diz respeito às relações de ficcionalidade e imaginação, que, pela sua complexidade, serão tema específico do Cap. 2. Outro ponto diz respeito ao reconhecimento de que as três mimesis não são etapas demarcadas, sucessivas e facilmente diferenciáveis. Só contamos histórias porque já refiguramos outras. No instante que começo a narrar uma história, continuo sendo parte de outras que se desenvolvem na realidade cultural; "eu" só posso narrar porque estou, no próprio ato criativo de compor uma narrativa, refigurando algumas das histórias com as quais tive contato. Quem (seja uma pessoa ou uma empresa, por exemplo) conta uma história é também um "destinatário" dessa mesma narrativa, pois interage com o mundo configurado no exato instante em que ele é posto em cena. Assim, a separação tríplice das mimeses tem um caráter didático, de identificar e respeitar as diferentes operações e mediações presentes nas narrativas.

A tríplice mimese permite ver também que narrar é um ato comunicacional. Como observa o brasileiro Carlos Alberto de Carvalho (2012), a perspectiva da tríplice mimese materializa uma teoria da comunicação que rompe com entendimentos lineares (como o mecânico emissor/mensagem/receptor) e afirma a narrativa como perpassada por múltiplas mediações, interlocuções e interações. Diferentes relações dialógicas se apresentam e atuam nos movimentos de figuração de uma narrativa. Entender a dinâmica narrativa dessa forma faz vê-la como um processo em desenvolvimento, que, se pode ser apreendido como "círculo hermenêutico" ou interpretativo, apresenta-se pragmaticamente como um espiralar não raro difuso e diferido.

Isso não é dizer que não se possa tomar uma narrativa como dada, como "pronta". Ao destacar a mimese 2 como "mundo configurado", Ricoeur aliás chama a atenção para a "realidade específica" que passa a existir na história que é contada. Essa realidade configurada nasce e vive no mundo de quem conta e de quem entra em contato com a narrativa, mas traz também um "em si", resultado do modo peculiar como acontecimentos, tempos, espaços, agentes e situações são postas juntas. É possível então apreender essa história como "um texto" e reconhecer as características e aspectos desse mundo peculiar, único (por mais que semelhante a outros que vivemos), nela figurados. Nesse momento, a narrativa constitui um "todo", pois o mundo que configura pode ser apreendido nas características formais e nas lacunas que o constituem. No dia a dia, lidamos com as narrativas como um texto aparentemente pronto com maior ou menor destreza quando experienciamos histórias contadas por nós ou que nos chegam. Diante de um filme de ficção científica, histórico ou de fantasia, por exemplo, buscamos elementos que nos auxiliam a reconhecer aquele mundo e a entender o que está acontecendo ali.

No entanto, esse mesmo exemplo de um/a espectador/a no cinema nos faz ver que o isolamento de uma narrativa é sempre pragmaticamente provisório. No momento em que uma pessoa toma contato com o filme, o mundo configurado pela narrativa já se reconfigura e passa a integrar as histórias de quem o assiste, inclusive aquelas que irá contar. Toda forma de uma narrativa é assim relativamente efêmera, uma vez que sujeita à interação e a mediações diversas. A fixação de uma forma narrativa em superfícies e materiais específicos, como a parede de uma caverna, páginas de um livro impresso, a fita de celuloide ou arquivos digitais, explicita sem dúvida esforços e interesses (religiosos, comerciais, estéticos, comunicacionais) de estabilizá-la, mas não impede que ela se transmute em outras. Esses "modos de fixação", essas superfícies e materialidades não são indiferentes e fazem mesmo parte das mediações e interações que constituem as dinâmicas narrativas.

1.5 Saber, explicar

Um aspecto importante do entendimento da narrativa, que se sobressai quando nos atentamos para sua inserção no cotidiano e para as operações que a constituem, é seu vínculo com a experiência humana. A narrativa é o nosso recurso mais poderoso para lidarmos com o tempo, em todas as suas aporias e complexidades. Conforme a formulação célebre de Paul Ricoeur, é através da narrativa que o tempo se torna humano. Como dissemos, é também através da narrativa que "resolvemos" provisoriamente questões importantes, como "quem eu sou" e qual o sentido da (minha, sua, nossa) vida. Isso só é possível pela tessitura da intriga. Ao pôr junto elementos divergentes, fazendo-os convergir provisoriamente, uma narrativa promove uma "mediação imperfeita" entre eles. Com isso, torna apreensível esses tempos, espaços, agentes, acontecimentos e situações, fazendo com que eles possam ser compreensíveis, de algum modo. Assim, a narrativa oferece uma resposta às aporias do tempo e da vida sem efetivamente solucioná-las, ou seja, dar-lhes um ponto final ou explicá-las a partir de relações de causa e efeito, totalizadoras etc. Porque essa solução é provisória, continuamos então a contar histórias.

É pela íntima relação com a experiência que a narrativa ao mesmo tempo se afasta e engloba o conhecimento científico. Como observa o filósofo português Boaventura de Sousa Santos (2019), como "gesto vivo", a experiência "reúne como um todo tudo aquilo que a ciência divide, seja o corpo e a alma, a razão e o sentimento, as ideias e as emoções". Uma experiência, portanto, reconhece Sousa Santos, "não é passível de ser transmitida de forma completa nem apreendida em sua totali- dade" (2019, p. 125). "Experiência" aqui deve ser entendida de modo próximo ao que elabora John Dewey, quando reflete sobre as interações entre uma criatura viva e seu ambiente, incluindo os seres que ali existem. Nessas interações, diferentes capacidades humanas estão mobilizadas, mesmo aquelas que seriam, sob certas perspectivas, antinômicas, como razão e emoção. Experimentar, nesse sentido, é sinônimo de viver e se distingue do procedimento científico de "fazer experimentos".

Narrar é um caminho possível para dar forma à experiência humana coletiva e individual, para organizá-la, respeitando a sua multiplicidade e multidimensionalidade. É também um modo de fazer com que essa experiência seja compartilhável, pois, ao vivermos as histórias, não só habitamos os mundos configurados narrativamente como os tornamos nossos. Esse compartilhamento implica sempre diferença e mudança, já que nenhuma experiência é comunicável em sua totalidade. Tendo em vista a espiral da tríplice mimese, observamos que, ao narrarmos, transformamos o que experimentamos em uma história, que se torna ela mesma uma experiência. Nessa perspectiva, uma narrativa não "transmite" conhecimento, se tomarmos o termo no sentido que lhe dá um entendimento linear da comunicação; ela é um modo de compartilhar e gerar novas experiências.

Ainda que uma dada narrativa seja elaborada por um indivíduo único e tendo como referência sua realidade singular, ela tem sempre e necessariamente uma dimensão coletiva. Afinal, esse indivíduo narra a partir do seu estar em realidades constituídas historicamente e perpassadas por diferentes histórias, de diferentes qualidades: ao narrar, essa pessoa fala sobre si dialogando inevitavelmente com "as outras" com as quais está conectada por identidade, por diferença, por geração, por estrato social etc. Ainda que venha a narrar principalmente sobre si (e mesmo para si), essa pessoa não fala apenas sobre ela mesma, pois se refere a um estar no mundo que é, quer ela queira ou não, goste ou não, coletivo. Sendo um ato comunicacional, além disso, narrar institui um interlocutor, um "outro" com o qual se dialoga. Narrar envolve então sempre mais de um/a, mesmo que este/a interlocutor/a seja um "eu" fraturado pelo próprio ato narrativo.

A relação narrativa, experiência e saber tem uma formulação clássica em ensaios do pensador alemão Walter Benjamin, em especial em "O narrador: considerações sobre a obra de Nikolai Leskov" (traduzido também, em português, como "O contador de histórias"). Nesse estudo, a princípio uma reflexão sobre contos do escritor russo, Benjamin lamenta a morte provável da narrativa, a partir do empobrecimento da experiência na Europa e em países ocidentais, tendo como um algoz visível a informação. Fortemente impactado pela experiência da chamada Primeira Guerra Mundial, Benjamin observa que os soldados voltavam dos campos mudos, incapazes de experiências comunicáveis diante do horror que viveram. Parte de suas contundentes críticas à modernidade eurocêntrica, esse ensaio do filósofo alemão afirma que a pobreza da experiência, marcada pela impessoalidade e pela solidão da informação e da guerra, esvazia a narrativa, dado o vínculo íntimo entre uma e outra.

No entanto, em que pese o tom, melancólico ou nostál- gico segundo alguns, do seu diagnóstico, Benjamin aponta algumas relações que permitem compreender a dinâmica narrativa e, nesse sentido, várias décadas depois, contrariar ao menos em parte seu vaticínio. Segundo ele, o vínculo entre narrativa e experiência dota aquela de um "senso prático", articulado à organização dos modos de "saber-viver", "saber-

-fazer" etc. Isso não é dizer que essa "utilidade" seja óbvia. Afinal,

[a] narrativa [...] é ela própria, num certo sentido, uma forma artesanal de comunicação. Ela não está interessada em transmitir o 'puro em si' da coisa narrada, como uma informação ou um relatório. Ela mergulha as coisas na vida do narrador para a seguir retirá-las dele (Benjamin, 1996, p. 205).

A informação, por sua vez, assenta-se na novidade, tem uma vida curta, momentânea, e visa a uma suposta transparência do mundo. Enquanto a informação, portanto, aparentemente se oferece integral e facilmente, a narrativa, no dizer de Benjamin, "não se entrega" e, mesmo passado algum tempo, "ainda é capaz de desenvolver-se" (1996, p. 204). Um elemento importante na contraposição benjaminiana entre narrativa e informação é a relação desta com a explicação. Segundo o filósofo alemão, enquanto "os fatos já nos chegam acompanhados de explicação, [...] metade da arte narrativa está em evitar explicações" (1996, p. 201). Benjamin desenha um cenário, então, em que dois modelos de conhecimento estão em disputa: de um lado, a informação, um produto da ciência moderna eurocêntrica e de caráter instrumental, impessoal e de utilidade óbvia; de outro, a narrativa, que abriga e articula-se a outros modos de saber.

A explicação é tida como a base desse conhecimento científico que se desenvolve na modernidade europeia e que busca o "como" e o "porquê" dos fatos e da natureza. Assentada num "jogo de linguagem específico", o denotativo, como diz o filósofo francês Jean-François Lyotard (2009), no método e na prova, essa ciência, que molda o modo como vivemos atualmente, se apresenta como a produtora das verdades legítimas, a partir das quais os outros modos de conhecer são medidos e hierarquizados. Mesmo na constituição da ciência moderna, porém, a explicação, e o seu correlato, a classificação, como observa Tim Ingold (2015), se viu contraposta a outro modo de conhecer, vinculado às Humanidades e centrado na "compreensão". Assim, de um lado estaria um olhar "objetivo", que diz como e por que as coisas são e "funcionam" desse modo; de outro, uma visada que se dedica aos sentidos, às significações, às experiências.

A ciência moderna e ocidental, à medida que tentou afastar-se dos saberes tradicionais e narrativos, buscou purificar (para usar uma expressão cunhada pelo antropólogo francês Bruno Latour) a experiência, transportando-a para o laboratório e transformando-a em um experimento impessoal que seria, ao menos a princípio, metodologicamente organizado e replicável. Se a mutação da experiência em experimento marca o distanciamento da ciência moderna da narrativa, ao final do século XX muitos filósofos e cientistas se deparam com uma crise. Por um lado, algumas das explicações mais elaboradas sobre a sociedade humana, como o marxismo e o positivismo, revelaram-se como "grandes narrativas", cujo esgotamento parecia patente. Por outro lado, a separação entre conhecimento científico e experiência passou a ser questionada em diferentes disciplinas acadêmicas, que explicitaram os limites e as contradições de certas concepções que alicerçaram a ciência moderna. Além disso, o século XX foi chamado de catastrófico em função de ações humanas, como guerras, genocídios, bombas e tecnologias predatórias, que se deram amparadas ou orientadas por experimentos e razões científicas.

Como observou Lyotard (2009), entre outros, os saberes narrativos funcionam por caminhos bem distintos do que se convencionou chamar de conhecimento racional ou científico, a partir da modernidade ocidental. Ainda que postos sob suspeita e mesmo combatidos por esse conhecimento científico, os saberes narrativos sobrevivem porque estão articulados à experiência e aos fazeres cotidianos. Diferentes povos e culturas fazem com que o conhecimento circule narrativamente, pois é através dos mundos figurados nas narrativas que se dão a ver os modos de saber-fazer, saber-viver, saber-escutar etc. Evitando utilizar os termos "saber" e "conhecimento" como sinônimos, Lyotard observa que:

> O saber não se reduz à ciência, nem mesmo ao conhecimento. O conhecimento seria o subconjunto dos enunciados que denotam ou descrevem objetos, excluindo todos os outros enunciados, e susceptíveis de serem declarados verdadeiros ou falsos. A ciência seria um subconjunto desse conhecimento (2009, p. 33).

O saber, assim,

> [t]rata-se então de uma competência que excede a determinação e a aplicação de um critério único de verdade, e que se estende às determinações e aplicações dos critérios de eficiência (qualificação técnica), de justiça e/ou de felicidade (sabedoria ética), de beleza sonora, cromática (sensibilidade auditiva, visual) etc. (Lyotard, 2009, p. 36).

O saber, para Lyotard, é essencialmente narrativo, uma vez que abriga "jogos de linguagem" para além do denotativo, como os prescritivos e avaliativos, entre outros. A denúncia benjaminiana de "morte da experiência" e da narrativa, nesse sentido, tem como alvo o conhecimento científico moderno e seu subproduto, a informação. Sendo mais antiga e mais complexa, a narrativa mostrou-se suficientemente forte para abrigar e absorver a informação entre os seus "jogos de linguagem". Ainda que estejamos vivendo num mundo muito mais complexo, em que a informação circula de modos muito mais diversos e intensos que na primeira metade do século XX, e que a crítica benjaminiana permaneça potente, é inevitável reconhecer que a narrativa não morreu. Continuamos a contar histórias e estas circulam também intensamente, em meio às configurações culturais, forças e dinâmicas de poder vigentes. Afinal, é narrando que integramos as informações (por mais "industriais" que sejam) no nosso dia a dia, mergulhando-as em nós mesmas/os e dali retirando-as como histórias que dizem respeito a nós.

1.6 Jornalismo e informação

No jornalismo, a tensão entre informação e narrativa adquire diferentes contornos ao longo do tempo. No Brasil, em mais de um momento, a valorização da informação, especialmente por seu suposto vínculo com uma verdade objetiva e verificável, levou ao entendimento da notícia como "exposição" ou "relato", em oposição à narrativa. É o que faz, por exemplo, Mário Erbolato (1991) num livro hoje clássico de sistematização das "técnicas de codificação do jornalismo". No livro, "relato" é associado a "relatório", ou seja, a um texto objetivo, frio, "não contaminado", que traria a verdade dos fatos. No esforço de "modernizar" o jornalismo e de afirmá-lo como uma instituição legítima de acesso à realidade, Erbolato entende e afirma o caráter impessoal e industrial da informação. Nesse momento, o próprio uso das palavras explicita a contradição em que se assenta esse esforço: "relato" é sinônimo, nos dicionários de língua portuguesa, de "narrativa", e não de "relatório". Relatar algo é sempre narrar.

Mais recentemente, tem-se desenvolvido no Brasil estudos que se dedicam ao "jornalismo narrativo", entendido como uma modalidade da produção jornalística que seria típica de reportagens e livros. O uso da narrativa como um qualificador, um adjetivo, passa a integrar então um amplo e impreciso espectro de variações, como "telejornalismo", "webjornalismo", "jornalismo cultural", de "big data", "imersivo", "esportivo", "econômico" etc. No caso específico do "jornalismo narrativo", reconhece-se o esforço de abranger e valorizar as produções jornalísticas que se distanciam de uma periodicidade diária ou rápida e cujo produto principal seria a notícia. No entanto, é importante tomar o cuidado com essas nomenclaturas e suas cisões.

Uma notícia é ela mesma uma narrativa, por mais industrial, formulaica e impessoal que seja. A fórmula do lide, até hoje parâmetro para um modelo estadunidense de notícia, é composta por elementos eminentemente narrativos: quem, que, quando, como, onde e por que estão na composição de qualquer história, de *Chapeuzinho Vermelho* a um romance contemporâneo. Ao contrário de ser uma fórmula "não narrativa", o lide padroniza um modo de contar histórias, com vistas a facilitar a relação com consumidoras/es e tornar o processo de produção da notícia mais ágil e menos dependente da pessoalidade de jornalistas. Ao longo de sua existência, o jornalismo baseado na regularidade temporal e identitária da mídia informativa (o jornal, o programa de tv ou de rádio, o canal num serviço de *streaming* ou um portal na internet), com notícias do dia a dia, apesar de ser tomado como "de referência", convive com outras concepções de informação e outros modos de fazer jornalísticos.

Além disso, como apontou o historiador estadunidense Kevin Barnhurst (2016), os elementos que compõem o lide conformam relações temporais distintas, vinculadas a momentos específicos da formação do jornalismo na sociedade daquele país.

É importante ainda considerar que a informação não é um dado bruto, passível de ser "recolhida" numa fonte e inserida num "relato". Como aponta o espanhol Gonzalo Abril (2007a), entre outros, "informar" significa tanto "dar conhecimento", como "instruir" e "dar forma". Essa última acepção explicita que a informação é um produto de um ato interpretativo, que, por sua vez, dá forma, põe em forma, uma situação, uma ação ou um determinado estado de coisas. Nesse sentido, ela não é um "conteúdo" independente de um "suporte": é parte, isso sim, de uma complexa malha de relações na qual emerge e à qual oferece um modo de apreensão possível. Ainda que se tente colocar a informação (jornalística, no caso) e um modo de fazer idealizado de jornalismo tomado como "de referência", ambos vinculados a uma perspectiva moderna de verdade (a "verdade dos fatos"), num polo oposto ao da narrativa, um olhar atento faz ver que essa polarização não se sustenta.

Como apontado em Leal (2012), a narrativa não é uma modalidade dos textos jornalísticos. O jornalismo, em seus diferentes modos de ser, tem como fundamento a produção de verdades confiáveis, verídicas e comprováveis, ofertando a quem o consome uma diversidade de histórias, contadas de diferentes modos. Nessa perspectiva, o jornalismo se apresenta como uma instituição social que toma a si a prospecção, produção e circulação de histórias, que, por sua vez, dialogam com distintas formas de saber – e não apenas o conhecimento científico. Se, como dizem os estadunidenses Kovach e Rosenstel (2003), o jornalismo opera uma concepção "pragmática" da verdade (ou seja, não baseada em um conceito filosófico ou científico específico), o reconhecimento de seu vínculo com a narrativa explicita as tensões que envolvem a veridicção, a autenticidade e mesmo a legitimidade das histórias que nos conta.

1.7 Narrativa e textualidade

A percepção do jornalismo como uma instituição narrativa complexifica o que entendemos como sua unidade textual básica e os modos como suas histórias são contadas. À primeira vista, qualquer mídia jornalística nos indica os limites internos dos textos que a integram. Essas demarcações orientam a interpretação de consumidoras/es e as fronteiras entre temas e acontecimentos. O mesmo se dá em relação a diferentes produtos comunicacionais. Uma ficção seriada audiovisual demarca tanto seus limites (começo e fim) como suas unidades internas (capítulos, núcleos de ação, espaços, tempos etc). No caso de ficções veiculadas em tvs a cabo ou aberta, delimitam-se também os intervalos comerciais, por exemplo. No entanto, como apontam Abril e especialmente a pesquisadora brasileira Maria Betânia Moura (2020), a forma do texto é parte do ato comunicacional, ou seja, está articulada a processos bem mais complexos, menos estanques e lineares.

Deparamo-nos então com dimensões importantes dos produtos comunicacionais e que exigem a ultrapassagem de visões fixas de texto e de narrativa, assim como um olhar para as sobreposições entre esses diferentes termos. Toda narrativa, sendo um modo antropologicamente situado de saber, tem a forma de texto, ainda que nem todo texto traga necessariamente uma história. Afinal, há textos que não são narrativos, ao menos a princípio. Ao mesmo tempo, um determinado texto está sempre integrado a uma textualidade, podendo estar vinculado também a uma narrativa mais ampla. O ponto de partida para compreendermos essas relações é reconhecer, por um lado, as processualidades que constituem textos e narrativas; e, por outro, é atentarmo-nos para o fato de que os limites e demarcações que nos são oferecidos cotidianamente indicam estabilidades provisórias, e não absolutas.

Diante de uma página de jornal impresso, Moura identifica diferentes textos: dos títulos, subtítulos e corpo principal das notícias às combinações entre elas e ao seu conjunto no espaço da folha de papel. Todo texto, em qualquer mídia, é ele mesmo uma composição de diferentes unidades ou fragmentos variados, que vão desde frases e palavras a espaços, imagens, sons etc. Sendo, como diz Abril, necessariamente "multimodal", ou seja, resultando da articulação de diferentes linguagens, o texto que emerge da página do jornal vai depender das articulações possíveis que alguém elabora ao percorrer aquela superfície. Assim, o texto pode ser apenas um título, uma combinação de títulos, de títulos e imagens, de fragmentos das várias unidades ali presentes, e por aí vai.

Para Moura, toda forma textual é sempre um "formato", ou seja, uma forma em ato, pois esta se apresenta para e quando da experiência das pessoas. Ainda que um jornal busque organizar o modo de sua leitura, conduzindo o olhar de cada um/a e delimitando o que seriam seus "limites internos", é na interação que uma pessoa constitui o que é, para si, "o texto da notícia". Num exemplo cotidiano, podemos pensar numa pessoa que, ouvindo as notícias sobre economia no rádio, entende que: "é, as coisas estão feias" ou "estão melhorando". Ambas as frases resultam da interpretação e combinação dos diferentes textos oferecidos pela emissora e outros que vêm à mente de quem escuta a notícia. Assim, forma-se um texto maior e do qual se extrai um núcleo semântico que poderá ser mais ou menos otimista, revoltante, cético, preocupante etc. Outros exemplos podem se suceder ao infinito: da cena da novela ao comercial, do jogo de futebol aos comentários no bar ou no noticiário, da associação que fazemos entre uma música e uma paisagem.

Como observa Bakhtin (1992), o texto é a unidade básica da cultura. Nossa relação com a realidade é sempre mediada por textos, que, por sua vez, são dinâmicos, têm um caráter performativo e integram-se a textualidades sempre em construção. Nessa perspectiva, como observado em Leal (2017, 2018), estabelecer os limites de um texto se torna algo complicado. Afinal, uma notícia não começa ou termina naquela história que acabei de ver ou ouvir, assim como a fofoca de agora continua a que ouvi antes e segue na que virá. Mesmo que o conteúdo seja diverso, elas integram-se à experiência de alguém e aos seus modos de se relacionar com o mundo. Passar do texto à textualidade, portanto, é entender que aquele é um processo, historicamente situado, em aberto, que, acontecendo no presente, está imbricado intertextualmente de modo sincrônico e diacrônico.

Um texto pode contar uma história ou constituir-se de uma imagem abstrata, trazer uma curta descrição ou uma fórmula. Não é obrigatoriamente uma narrativa. No entanto, uma vez que as narrativas são modos de organizar a experiência, mesmo esse texto descritivo (ou denotativo, sintético etc.) pode vir a ser parte de uma história. Como vimos anteriormente com Lyotard, uma narrativa abriga diferentes "jogos de linguagem". Se retomarmos a noção de tríplice mimese, de Ricoeur, vemos então que o processo de narrativização é heterogêneo e envolve momentos diversos, desde a composição da intriga a partir do "substrato ético" da realidade, até a integração da história que compomos (e vivemos) no mundo.

A ideia de um "olhar narrativizante", proposta anos atrás (Leal, 2006), busca alcançar essa construção de narrativas a partir de elementos heterogêneos. Uma sucessão de paisagens na janela de um carro não constitui, *per si*, um texto narrativo. No entanto, elas podem vir a sê-lo caso a pessoa que as experiencie as ponha juntas, articulando uma intriga e um desenrolar temporal. Aquilo que seriam, sob uma perspectiva, imagens dispersas, passa, sob um "olhar narrativizante", a constituir uma história e/ou fazer parte de outra(s). A expressão, dependente da tríplice mimese ricoeuriana, posiciona de outra forma a relação narrativa e experiência. Vimos que toda narrativa nasce da experiência humana necessariamente compartilhada, histórica e socialmente situada; vimos também que cada narrativa é ela mesma um agir, abrindo-se à experiência de quem interage com ela. Um "olhar narrativizante" diz de uma escolha, que pode ser "intuitiva", "espontânea", consciente e/ou orientada, acerca do modo como se experiencia algo. Diante do que acontece, uma pessoa pode escolher compreendê-lo narrativamente, desenvolvendo então as operações necessárias de integração e/ou composição a uma história.

O "olhar narrativizante" alcança ainda outra dimensão: a dos estudos de narrativa. Tradicionalmente, quando alguém se dedica a analisar ou refletir sobre uma narrativa, geralmente escolhe um texto que tenha essas qualidades, que já se apresenta ao mundo como "uma história". Circulam pelo ambiente universitário diferentes "escolas" ou perspectivas que desenvolvem caminhos, às vezes altamente sofisticados, para essas análises, como o estruturalismo e a narratologia. Mas o que fazer com composições heterogêneas, que combinam diferentes textos e/

ou vislumbram histórias que se desenrolam para além dos limites de uma dada unidade textual? Um exemplo é o estudo feito em torno de memes que circularam durante os primeiros 100 dias da pandemia de covid-19 no Brasil (Leal, 2021). Pesquisadoras e pesquisadores identificaram o que chamaram "linhas narrativas", ou seja, histórias fragmentadas, em geral nucleadas por temas específicos, e que se renovavam à medida que novos memes surgiam. Uma dessas "linhas narrativas" dizia respeito à relação com o aumento de peso corporal em função do isolamento e do distanciamento social ocorridos na época. Vários memes traziam cenas ou comentários relativos a esses fenômenos e, colocados uns em relação aos outros, produziam uma história "em construção" que, ao mesmo tempo que dava forma a uma percepção socialmente compartilhada, explicitava suas contradições e vieses. As pesquisadoras e pesquisadores observaram ainda que um mesmo meme ganhava sentido distinto quando associado a outros memes. Assim, um meme que falava das várias visitas à geladeira integrava tanto a história do aumento de peso quanto outra, que tematizava o tédio e a busca por atividades ocupacionais naquele momento da pandemia.

As "linhas narrativas" dos memes só foram perceptíveis em razão de um "olhar narrativizante", que se revela então como uma proposta metodológica específica. Calcada na experiência cotidiana (afinal, produzimos histórias a partir de outras histórias e do que não é história o tempo todo), essa proposta indica que podemos tomar como narrativa o que não se apresenta a princípio como tal. Basta, para isso, "reconhecermos" uma intriga em textos aparentemente dispersos, o que torna possível que sejam experimentados e compreendidos narrativamente, inclusive com instrumentos oriundos de abordagens estruturais ou narratológicas, se for o caso.

Como se vê, "texto" e "narrativa" podem se sobrepor, em mais de um momento, em mais de um modo. No entanto, apreender um fenômeno (uma realidade, uma situação, um agir, um estado de coisas, um acontecimento etc.) como texto implica algumas operações, entre elas seu posicionamento numa textualidade ou mesmo numa narrativa. As escolhas não são excludentes. Afinal, mesmo um "olhar narrativizante" tem textos como referência e base de operações. Se se constituem como espécie de "porta de entrada" para os processos e fenômenos comunicacionais, "texto" e "narrativa" podem se articular ou não conforme os passos que se dá após esse momento inicial. No cotidiano, narramos e produzimos textos continuamente; textos e narrativas encontram-se permanentemente misturados e em transformação, ao sabor dos fluxos que constituem nossas experiências diárias. A "impureza" ou a "imprecisão" em torno do estabelecimento dos limites entre texto e narrativa não indicam, então, uma fraqueza ou alguma fragilidade teórica; ao contrário, mostram a força, o mistério e a complexidade das experiências humanas no mundo.

2

NARRATIVA E FICCIONALIDADE

O entendimento da narrativa como uma ação que contribui para a compreensão do mundo e a aproximação às dinâmicas que constituem o narrar trazem consigo um desafio instigante: desembaraçar-nos da dicotomia ficção/realidade. Como vimos até aqui, toda e qualquer narrativa constrói uma imagem do mundo, das pessoas, das ações, de tempos e espaços. Essa imagem, esse mundo narrativo, é elaborada a partir de um gesto interpretativo de fundo, elabora e faz circular uma história a partir de uma dada realidade social. Essa história, então, passa a integrar as diferentes realidades nas quais se inserem suas/ eus interlocutoras/es, aquelas/es que a experimentam. Esta é, em versão resumida, a espiral da tríplice mimese, tal como elaborada por Paul Ricoeur (que prefere o termo "círculo"), e este processo se aplica a toda e qualquer narrativa, ficcional ou não ficcional.

Para começar o passeio pelo emaranhado de relações e entendimentos que envolvem essa dicotomia, um primeiro passo é reconhecer que "ficção" não é oposto de "realidade". O cotidiano, tal como visto por Agnes Heller, Michel de Certeau, pelo sociólogo alemão Alfred Schutz (1967) e outros, é composto por diferentes realidades, todas com suas regras, suas histórias e suas especificidades. Transitamos por elas e reconhecemos (ou somos desafiados a reconhecer), em cada uma, suas "verdades", ou seja, suas razões e modos de ser. Integram a heterogeneidade cotidiana desde o que tomamos como "realidade de referência" (ou seja, aquela que assumimos como parâmetro para as demais) até outras cujo estatuto é sabidamente limitado, circunscrito ou mesmo precário. Diante de um jogo que não conhecemos, por exemplo, ou buscamos reconhecer suas regras a partir das indicações que encontramos com base nos nossos repertórios, ou procuramos ajuda, pedindo alguém para nos orientar, ou ainda nos atentamos à sua bula, seu código de "como fazer". Uma vez minimamente conhecidos os protocolos dessa realidade, habitamos esse "mundo virtual" talvez por horas a fio, sem deixarmos de estar, simultaneamente, no tempo histórico comum e no nosso mundo de referência. As experiências que vivemos, quando habitamos o mundo do jogo, não ficam circunscritas a ele e, portanto, incorporam-se à nossa memória e à nossa experiência.

Cada pessoa que joga – desde um simples jogo infantil, passando pelos jogos de cartas ou tabuleiros, até os cada vez mais complexos jogos digitais – habita, experiencia esse mundo possível, tendo emoções, comportamentos e ações que estão ocorrendo também, durante o jogo, na realidade histórico-social de referência. Por mais absorto que alguém esteja, é possível medir que ficou diante da tela, jogando, por 6 horas numa madrugada de domingo, por exemplo. Ainda que constituído por regras diferentes, o mundo do jogo não é menos verdadeiro ou real quando o habitamos que outras instâncias da vida cotidiana. E isso mesmo que se trate de um jogo que fale de cavernas, dragões e feiticeiros.

Mesmo quando um/a de nós lê um romance, assiste a uma novela, quando passa duas horas no cinema ou acompanhando o desenrolar de uma série, ou seja, quando nos dedicamos a narrativas que trazem mundos que se apresentam como ficcionais, essas histórias se fazem parte de nossas vidas e dos nossos modos de entender e deambular no planeta. Seres ficcionais são frequentemente tomados como termo comparativo no dia a dia: "acha que sou a mulher-maravilha?"; "você crê que sou o super-homem?", "um plano infalível como os do Cebolinha". Eles – os seres ficcionais – estão entre nós, ainda que saibamos que são "personagens construídos".

Assim, mesmo aquelas narrativas demarcadas como ficcionais, por mais que falem de "outros universos", são parte do dia a dia de várias pessoas. A ficção não se opõe à realidade, portanto. Antes dialoga com ela de modo complexo e variado. Como observa o crítico brasileiro Luiz Costa Lima (2006), as ficções seriam como formas oblíquas, indiretas, de falar sobre o mundo. Para Ricoeur, as ficções são "variações imaginativas" que nos permitem experimentar, de outro modo, aporias, dimensões, situações e sensações naturalizadas ou pouco acessíveis no dia a dia. Acontece, porém, que toda artesania de narrar implica necessariamente invenção, pois em cada história que contamos um mundo específico surge através dela. Isso acontece porque organizamos nesse momento, criativamente, elementos diversos disponíveis nas realidades em que habitamos. Essa fagulha criativa presente nos menores gestos narrativos pode se expandir, como é o caso de grandes obras artísticas, e dar a ver mundos outros, complexos, diversos e cujos modos de ser são bem distintos ou fascinantemente semelhantes ao que entendemos como realidade.

Um dos problemas no entendimento das articulações entre ficção e realidade, e que uma visão dicotômica simplifica em demasia, tem a ver com a diversidade de sentidos que a palavra "ficção" traz. Podemos organizar ao menos dois núcleos semânticos no termo: um está intimamente conectado à invenção e à imaginação; outro diz respeito à existência de seres, narrativas e produções tidos como "ficcionais". Esse caminho é distinto do que se costuma tomar quando se aborda a dicotomia ficção/realidade. O mais frequente é perguntar o que é realidade, investigar o que é o real. Em algumas tradições acadêmicas, como nas teorias psicanalíticas, "real" e "realidade" são instâncias distintas; em outras, os termos se alternam e se sobrepõem. Aqui, importa menos definir o que é "realidade", uma vez que sabemos que o termo se aplica a uma diversidade de experiências culturais, individuais e coletivas, e que se articula a processos histórico-sociais complexos, em constante desenvolvimento. Não tomamos "realidade" como algo único nem perene. Há diferentes realidades no planeta Terra, muitas delas tidas como muito estáveis por quem as vive e outras reconhecidamente fugazes ou provisórias. Essas realidades têm na imaginação um elemento fundamental, mesmo que recusem ou desqualifiquem o que entendem ser "ficção".

2.1 Imaginar, pensar

Segundo o dicionário Houaiss, "imaginação" vem do latim "imaginatio", que, por sua vez, remete à imagem, representação, visão, pensamento, ideia, meditação e ilusão. Como se pode perceber, "imaginação" congrega sentidos diversos e, mais significativamente, articula o que para algumas pessoas seriam relações distantes, como pensamento e ilusão. Por um lado, o vínculo com o conhecimento e as ideias é o que permite ao filósofo espanhol Juan Arnau (2020) afirmar que "pensar é imaginar" e ainda dizer que sem a imaginação "não existiriam os mundos simbólicos que inspiraram aos artistas e aos homens da ciência" (2020, p. 6, tradução nossa). Por outro, a associação à ilusão permite que se coloque a imaginação sob suspeita e junto à fantasia, ao delírio e ao desvario.

Um ponto comum entre os dois extremos é a relação íntima entre imaginação e imagem. Imaginar é "pôr em imagem", ou seja, produzir, mover, acionar, recuperar, associar formas mentais, símbolos, signos. Trata-se, portanto, de uma ação mental, intelectiva, cognitiva, que pode envolver relações tidas como verdadeiras, outras como falsas, algumas como sonho, outras como hipóteses, outras ainda como fantasia, entre várias possibilidades. Nessa perspectiva, toda vez que alguém pensa, imagina, e traz consigo o desafio de avaliar se as imagens de seu pensamento são corretas ou não, viáveis, adequadas, realistas etc., etc. Num ensaio fundamental em sua obra, Ricoeur (1991) define a imaginação como "um jogo livre de possibilidades". Livre, porque ao imaginar nos descompromissamos minimamente, provisoriamente, das convenções e regras sociais que conformam nossas percepções e ações. É esse "não compromisso" que nos permite ensaiar, via imaginação, "ideias novas, valores novos, novos modos de estar no mundo" (1991, p. 219-220). O movimento imaginativo, porém, ressalta o filósofo francês, só se dá na e com a linguagem. Se imaginar é "pôr em imagem", essa ação implica o movimentar de signos cujo conhecimento se dá na vida social.

Nesse momento, é importante ter em mente as reflexões do russo Mikhail Bakhtin (1999), que nos lembra que somos seres sociais, vinculados às realidades culturais em que vivemos. A linguagem, observa Bakhtin, pode ser pensada como "neutra" ideologicamente não porque exista a possibilidade de descarná-la de ideias e valores, mas, ao contrário, porque ela é tão vinculada à experiência humana que serve a qualquer construção ideológica. Bakhtin, nesse sentido, observa que a linguagem, uma vez que nos forma como seres históricos e sociais, "reside" em cada um/a de nós, em nossas mentes. Pensamos com linguagem, em linguagem, contra a linguagem; imaginamos com, contra, através e ao revés de suas regras, de seus modos de ser, suas tradições, seus sentidos e projeções inscritas no tempo.

Tomar a imaginação como uma capacidade humana fundamental, vital para nosso estar no mundo, é entender, como diz Ricoeur, que "não há ação sem imaginação" (1991, p. 223). O simples ato de pensar no que fazer a seguir, por mais automatizado e naturalizado que isso seja, necessita da nossa capacidade de fabular, de pôr o futuro em imagem, guiando assim nosso agir. Acionamos nossa capacidade imaginativa a todo momento: quando projetamos futuros possíveis, alcançáveis ou não, quando planejamos cursos de ação cotidianos e pragmáticos, quando lembramos do passado, quando consideramos possibilidades de ação, de situações e cenários, como que "estudando" o mundo e a nós; quando sonhamos e quando criamos mundos fantasiosos diversos; quando repetimos um comportamento habitual. Assim, desde fazer uma lista de compras, dirigir, caminhar ao trabalho ou a um encontro, escrever um livro, fazer um roteiro, até sonhar em ganhar na loteria, em conhecer alguém interessante na noite ou vislumbrar o relacionamento amoroso que desejamos, todas essas "imagens" e as ações a elas vinculadas resultam dessa capacidade fabular. Das mais pragmáticas e realistas às mais delirantes e desconexas, nossas ações são sempre fundadas na imaginação.

Nem sempre o que imaginamos existe no nosso "mundo de referência", ainda que só possamos fabular com o que nos é disponibilizado pela realidade cultural em que vivemos. Através dos signos e linguagens à nossa disposição, no nosso tempo (e isso é dizer, como vimos, com os valores e ideias que conformam o momento histórico em que existimos), construímos mundos possíveis diversos. Alguns deles serão reconhecidos como "ficcionais", ou seja, sem correlato óbvio com nossa realidade de referência. Outros serão suficientemente naturalizados, legitimados e/ou verificáveis para o que os tomemos como parte da realidade. Em todos os casos, imaginar é introduzir uma diferença, pequena que seja, no mundo. Nunca imaginamos as coisas como elas "exatamente" são, mas como possibilidades. Nos termos de Paul Ricoeur, isso é dizer que há um elemento de "inovação semântica" em todo e qualquer gesto imaginativo, ou seja, imaginar é produzir diferenças.

A articulação entre imaginação e inovação semântica é fundamental para entendermos o circuito narrativo. Quando narramos, organizamos um conjunto de relações e damos a elas uma forma. Por mais corriqueira e supostamente banal, essa forma é algo novo, um agir no mundo. Agir, é sempre bom lembrar, é deslocar, é romper, mesmo que seja em microescala, com um estado de coisas dado. Se aguardo um ônibus, o movimento de ir em direção ao veículo que parou é romper com o estado de espera em que me encontro. Se acordo e prefiro ficar na cama, decido, entre uma série de possibilidades, uma ação que considero adequada e a faço acontecer, confirmando ou contrariando expectativas.

A expressão "mundo possível" não é nem de longe gratuita. Ela se tornou muito conhecida através da obra de pensadores como o italiano Umberto Eco, o tcheco Lubomir Dolezel e a suíça Marie-Laure Ryan e designa a realidade que construímos, via linguagem, imaginativamente. A expressão é bastante potente para pensar mundos ficcionais, como os de romances e novelas, do cinema e dos jogos, que nos oferecem "mundos habitáveis" e que se incorporam ao nosso cotidiano quando participamos das histórias que nos são oferecidas ou impostas. Mesmo sendo pensada para textos de ficção, "mundo possível" é bastante pertinente no dia a dia. Quando compramos uma passagem, materializamos o projeto (diário, sonhado ou regular) de viajar e nos orientamos pela imagem de mundo que associamos a esse deslocamento. Planejamos o que fazer depois da aula, da festa, do trabalho: projetamos então um mundo possível a ser confirmado ou não pelo que irá efetivamente acontecer.

2.2 Ficção, ficcionalidade

Do que vimos até o momento, não só a ficção faz parte da realidade social, como dialoga com ela o tempo todo; nossa relação com o mundo é assentada, por sua vez, num gesto imaginativo fundamental. Com isso, vemos que muito do que vivemos não cabe nessa oposição binária, que se apresenta então redutora e simplista. Entender que há um elemento fabular em toda ação humana não é, por certo, dizer que tudo é "ficção". Como observam Augé e a pesquisadora brasileira Vera Figueiredo (2009), é preciso, inclusive politicamente, recusar esse outro movimento simplificador, que, de resto, pouco avança em relação à complexidade do tema.

Num esforço de apreender os sentidos de "ficção", o filósofo romeno Thomas G. Pavel (1988) estabelece algumas distinções importantes, num movimento crítico em relação ao estruturalismo e também à teoria dos atos de fala. Para Pavel, o termo "ficção" abrange três níveis de relações. Um primeiro, que seria "metafísico", diz respeito ao estatuto de realidade de uma dada entidade ou situação, ou seja, se entendemos que algo é ou não "real" ou "fictício". Um segundo diz respeito aos modos como certos produtos culturais, certos textos são compreendidos ou oferecidos à interação, isto é, quando, numa livraria, alguém compra um romance de Machado de Assis, sabe, de antemão, que o livro é uma ficção, da mesma forma que quando alguém assiste a um filme, já sabe que se trata de um documentário ou de uma história ficcional. Um terceiro conjunto de relações diz do caráter institucional, dos modos como as sociedades definem, regulam e atribuem funções ao que é entendido, em cada uma delas, como "ficção".

Esses três feixes de relações se sobrepõem em mais de um momento, mas sua distinção nos permite alcançar aspectos importantes dos diferentes modos de existência do que se entende por "ficção". Quando consideramos a dimensão metafísica, por exemplo, passamos a ver que a definição de algo como "real" ou "ficcional" numa dada sociedade é bastante variável e historicamente situada, envolvendo crença, adesão e regulação por parte de pessoas, grupos e instituições. No Brasil do início do século XXI, "bruxa" é comumente entendida como uma imagem para comportamentos ou traços físicos de algumas mulheres. Para muitas pessoas, a existência de mulheres com poderes mágicos é uma fantasia, possível de existir somente em histórias ficcionais. No entanto, no passado colonial americano e na Idade Média europeia, mulheres foram perseguidas e assassinadas por serem bruxas. A sentença "Maria ou João tem um unicórnio" pode ser compreendida, nos anos 2020, entre outras possibilidades, como: a) a Maria é dona de uma *start-up* valorizada no mercado; ou b) João tem um brinquedo, provavelmente um boneco, que tem a forma de um cavalo com chifre e talvez com asas. Para a grande maioria da população adulta brasileira, neste tempo, um tal cavalo é um ser imaginário, e faz parte de uma herança cultural que o tomou como real em outro momento histórico, à semelhança de sereias, curupiras, sacis, elfos e duendes.

Pavel, assim como Eco, observa que a identificação do estatuto de existência de uma entidade depende da "enciclopédia" que conforma uma dada realidade, ou seja, do conhecimento disponível socialmente. Quando se observam o planeta e a diversidade de mundos e realidades que ele abriga, vemos que há, nas diversas culturas humanas, diferentes enciclopédias, diferentes modos de apreender as delicadas condições de existência de seres e situações. "Deus" é um ente real para quem nele acredita e uma ilusão para quem tem outra crença ou é ateu. Considerando a diversidade de entidades divinas existentes no planeta, pode-se dizer, com segurança, que cada um/a de nós é descrente do "deus" das/os outras/os.

O segundo nível de relações envolvendo a ficção, que pode ser chamado de "demarcacional", não alcança necessariamente o estatuto de seres e situações. Diz respeito aos modos de produção, circulação e interação de produtos culturais particulares. Como nos exemplos que vimos antes, esses produtos são sempre "embalados", existem no mundo já caracterizados como ficcionais ou não. Essa demarcação não é apenas da ordem do consumo, por suposto. Quando uma pessoa começa a compor a letra de uma canção, ela inicia a construção de um mundo possível cujo estatuto ela já define de antemão: será "ficcional" ou "confessional", por exemplo. O mesmo se dá quando se escreve um livro, faz-se um filme, um anúncio publicitário, uma fofoca, uma confidência. Cada gênero comunicacional e cada modalidade de texto têm suas regras e códigos de existência, que orientam seus processos de produção, circulação e consumo. Quando lemos um romance, já sabemos que se trata de uma "ficção" ou de uma "obra de não ficção", já temos parâmetros para nos relacionarmos com aquele texto e com as situações e habitantes do mundo possível que nos apresenta.

Uma imagem recorrente na obra de Umberto Eco explicita bem esse nível demarcacional: nenhum texto, diz o pensador italiano, existe como "uma mensagem numa garrafa" solta no mar, isto é, sem contexto e sem as indicações de como se relacionar com ela. As regras e convenções que demarcam cada modalidade de texto, cada gênero cultural, já nos chegam na "embalagem" de cada produto ou processo comunicacional e, além disso, estão materializadas nos modos como são construídos, em como as histórias são contadas. A inteligibilidade de um texto, aliás, depende sempre da enciclopédia comum e do nosso conhecimento de suas regras e convenções. Sem isso, algo talvez sequer seja percebido como um elemento comunicacional. Isso não é dizer, porém, que existam "estratégias" narrativas e/ou textuais ficcionais, de um lado, e não ficcionais de outro. Não há regras e convenções puras e estritas a uma determinada modalidade textual ou gênero cultural. Ao contrário. Se uma pessoa, por acaso, encontra uma garrafa com uma mensagem no mar, após abri-la e supondo que está escrita em português (ou numa língua conhecida por essa pessoa), ela buscará no texto as marcas que possibilitariam saber do que se trata. É possível que a mensagem comece com algo parecido com uma carta ou um e-mail. Essa certeza inicial, porém, não é suficiente para quem ler o texto saber se a mensagem fala de pessoas existentes ou se se trata de uma fantasia, de uma brincadeira, de um jogo irônico.

Não há, a rigor, diferenças textuais significativas entre textos ficcionais e não ficcionais, daí inclusive a importância da dimensão demarcacional na interlocução com os diferen- tes textos. Como apontam estudos como os conduzidos pelas/os brasileiras/os Itania Gomes (2002, 2011), Jeder Janotti Jr (2011, 2020), Juliana Gutmann (2014, 2021), Fernanda Maurício (2009, 2014), entre outros, os gêneros são sempre cambiantes, em transformação. Já estudos feitos no Brasil a partir dos anos 2010 (Leal; Jácome, 2020; Gomes; Manna, 2018; Maurício, 2013; Gutmann, 2013, 2014, 2021) observaram o quanto as convenções circulam por diferentes gêneros e produtos e o quanto isso é fundamental para a sua renovação. Uma narrativa que se dedica a falar de um acontecimento ocorrido no passado pode lançar mão de um personagem ficcional, da mesma forma que abundam ficções com figuras históricas. Alguém pode considerar ficcional um acontecimento tido como real ou, na direção inversa, tomar situações e personagens fictícios como se existissem "concretamente" em seu mundo. Em um pequeno e saboroso livro, o sociólogo brasileiro Herbert de Souza (*A lista de Alice*, 1996) conta a história de uma conhecida, pela qual tinha grande carinho, que não acreditava que alguém já tivesse ido à lua, dizendo algo como: "vejo a lua toda noite e nunca vi ninguém lá". Quem nunca saiu do cinema, ou após o final da leitura de um livro, "completamente" tomada/o por aquele mundo possível?

A consciência da existência de parâmetros social e historicamente instituídos (e variáveis, portanto, para os diferentes textos, para as diferentes narrativas), permite-nos então alcançar a dimensão institucional da ficção. Os vários produtos culturais são regulados socialmente, sem dúvida. A ficção, como uma instituição, tem importância na vida das pessoas. É através do que entendemos por "ficção" que não só lidamos com os limites da realidade e do possível, como damos sentidos a sonhos, planos, desejos, projetos. Nesse sentido, iniciativas como as da ONG estadunidense GLAAD (Gay and Lesbian Alliance Against Diffamation) são um exemplo importante de ações que incidem sobre o nível institucional da ficção. O GLAAD desenvolve uma série de ações que visam avaliar, qualificar e promover a presença de personagens LGBTQIA+ em produções ficcionais e noticiosas, de modo a contribuir para sua aceitação social.

Nenhuma ficção é isenta de implicações, neutra ideologicamente ou totalmente livre, uma vez que é parte de um tempo histórico, de uma realidade social particular. Entendemos muito de uma dada sociedade quando observamos os lugares e papéis atribuídos à ficção. No Brasil, assim como em outros países ocidentais, a ficção é associada ao lazer e à diversão, sendo muitas vezes negligenciada em seu caráter pedagógico e didático. Ao mesmo tempo, vemos que parte significativa da educação moral e afetivo-sexual de brasileiras/os (e de outras nacionalidades) é delegada a produtos ficcionais como novelas, canções populares e filmes.

Uma caracterização bastante interessante em torno dos aspectos regulatórios e institucionais envolvendo a ficção pode ser encontrada no ensaio "A política da ficção", do filósofo francês Jacques Rancière (2014). Ali, Rancière oferece uma análise bastante interessante sobre as disputas envolvendo uma corrente estética particular, o realismo. À medida que vai conformando o embate e observando suas implicações e desdobramentos, Rancière nos faz ver um cenário em que diferentes agentes, alguns por ele chamados de "reacionários", disputam não apenas como uma história deve ser contada, mas o que pode e deve ser narrado e para quem. Em torno do realismo, o filósofo francês caracteriza a tensão entre visadas mais ou menos democráticas, que determinam se personagens ficcionais, como uma jovem criada, podem ou não ser construídas com sentimentos e complexidades que as tornam tão humanas quanto seus senhores. Assim, para Rancière, a "questão da ficção" trata

> [...] de uma distribuição das capacidades da experiência sensível, de saber o que os indivíduos podem viver ou experenciar e até que ponto os seus sentimentos, gestos e comportamentos merecem ser contados ao público de leitores (2014, p. 19-20).

Numa outra chave, o crítico estadunidense Wayne Booth (1989) desenvolve uma ampla reflexão sobre personagens literárias e suas implicações éticas, inquirindo-nos a considerar nossas relações com elas. Não por acaso, essas reflexões se intitulam *The company we keep* ("As companhias que consideramos", em tradução livre).

Na complexidade das nossas relações, inclusive éticas, com a ficção, a expressão "não ficcional" é bastante interessante, pois sugere um sentido pela negação de outro. Efetivamente, a expressão não diz o que a narrativa é, apenas o que ela não se propõe a ser. Uma vez que o termo negado é complexo e escorregadio, a classificação fica ainda mais nebulosa, de precisão questionável. O jornalismo, como dito antes e também em Leal (2012), pode ser visto como uma instituição narrativa da realidade, uma vez que se propõe a ofertar histórias verificáveis, reconhecíveis como existentes num dado momento. Como toda e qualquer narrativa, as "não ficções" jornalísticas produzem mundos possíveis, a serem chancelados como "verídicos" num processo no qual atuam o jornalismo como instituição social, a identidade da mídia informativa (o "nome do jornal"), o lastro oferecido por outros agentes sociais, o modo como a história é contada, entre outros fatores. Não há, ao contrário do que às vezes se apregoa, uma verdade inconteste, regras procedimentais ou fórmulas textuais que assegurem aos agentes jornalísticos condições estáveis de credibilidade. Como qualquer agente social, as mídias informativas disputam verdades e legitimidades através dos modos como se situam no mundo e das histórias que contam. As controvérsias vivenciadas por muitas mídias informativas brasileiras, ao tomarem como verdade algo apenas reconhecido como tal por um determinado setor social, exemplificam as contradições e desafios das chamadas "narrativas não ficcionais".

2.3 Políticas da imaginação

Ao aproximarmo-nos da complexidade das relações envolvendo a ficção, nos deparamos também com uma rede de termos que adquirem sentidos específicos, às vezes contraditórios. Se o substantivo "ficção" abriga um amplo espectro de significados e relações, o que dizer de adjetivos como "fictício" e "ficcional"? Conforme o uso, ambos os termos são equivalentes: dizer que a personagem X é "fictícia" é o mesmo que afirmar que ela é "ficcional". No entanto, o mesmo jogo de palavras não vale quando demarcamos textos e produtos culturais: mencionar um "romance ficcional" não corresponde a dizer que o "romance é fictício". No primeiro caso, temos uma obra cujo mundo possível é qualificado como não diretamente correspondente à realidade histórica; no segundo, a própria narrativa perde o seu *status* de real.

A flutuação dos termos e dos seus significados é ainda maior quando pensamos "imaginação". Como vimos, a expressão pode dizer tanto da faculdade de imaginar quanto do produto desse ato criador, além de abrigar uma miríade de nuances, dimensões e variações. Um aspecto que não pode ser deixado de lado, nessa teia de sentidos, é a articulação entre a imaginação como uma faculdade humana e seus aspectos histórico-sociais. Como faculdade, a imaginação se realiza em cada pessoa: todo e qualquer ser humano tem capacidade de imaginar. No entanto, o exercício de pôr em imagem tem inevitavelmente um caráter coletivo e histórico, uma vez que se dá num tempo específico, e, como acentuou Ricoeur, só é possível via linguagem. Uma vez que toda e qualquer linguagem é, ela mesma, um fenômeno histórico-social, o ato individual de imaginar envolve relações dialógicas, intersubjetivas, de caráter coletivo.

Neste ponto, dois amplos universos de relações se abrem: um deles diz respeito às dimensões coletivas e históricas da imaginação, fundamentais, por exemplo, para as experiências de grupos sociais específicos e para as disputas em torno do que virá; outro envolve mais um termo escorregadio, "imaginário". No primeiro caso, reflexões como as desenvolvidas pelo antropólogo indiano Arjun Appadurai (1996, 2013) nos permitem ver que o que imaginamos e as condições de imaginar são diversamente distribuídos socialmente. Para Appadurai, a imaginação é uma prática coletiva, tendo um papel importante na produção do sentido de localidade. Sendo assim, ela é um "recurso vital" em todos os projetos e processos sociais, uma "energia cotidiana", e não deve ser apreendida apenas sob a forma de sonhos ou delírios ou mesmo em situações e momentos "liminares".

O caráter coletivo da imaginação fica melhor percebível quando consideramos que a organização da vida cotidiana implica sempre, como aponta o historiador estadunidense David Carr (2014), um perceber-se como parte de uma categoria mais ampla: a pessoa que imagina se reconhece "mulher", "homem", "não binária", "negra", "brasileira", "mato-grossense", "belo--horizontina", "pobre", "muito pobre", "rica", "batalhadora", "crente", "espírita", da "família tal" etc. Cada um desses termos designa o pertencimento a um grupo social, seja pelas condições concretas da pessoa, seja pelo que ela aspira, com o que se identifica, por adesão, engajamento, cooptação etc. Ao operar mentalmente os signos, essa pessoa recupera fragmentos ou elementos de um "arquivo social" de modo a dar forma às suas ações e entendimentos e, como acentua Appadurai, projetar, no presente, futuros (im)possíveis, (in)desejados, (in)alcançáveis, (im)pertinentes.

Há, portanto, aspectos epistêmicos e políticos na imaginação como exercício de uma faculdade humana. Os termos com quais imaginamos, os propósitos, sentidos e horizontes com os quais pensamos dizem dos lugares histórico-sociais dos quais somos parte, incluindo suas contradições. As projeções de futuro, nesse sentido, são especialmente reveladoras (Leal, 2021). Para muitas/os brasileiras/os, a casa própria é o sonho e a conquista de toda uma vida; para outras/os, a simples possibilidade de ter um teto é um horizonte distante. Nessa mesma cidade, há quem se esforce para ter imóveis no exterior ou que tome a casa própria como uma realidade naturalizada. Para muita gente, a felicidade é poder ter acesso a uma diversidade de bens e serviços; para outras pessoas, diz de relações e feitos que não envolvem necessariamente o consumo. Da mesma forma que há pessoas para as quais viagens de férias são uma experiência regular, há quem nunca tenha se imaginado entrando num avião. Nesse sentido, as lutas contra as diferentes formas de exclusão social, de desumanização de grupos e populações são particularmente reveladoras, uma vez que explicitam e combatem as regulações que estabelecem (ou que buscam fazê-lo) quem pode imaginar o quê. O caráter coletivo da imaginação, como dissemos, é muitas vezes recoberto pelo termo "imaginário". Como observa o filósofo francês Jean-Jacques Wunenburguer (2007), o "imaginário", dada a amplitude de usos e sentidos que adquire, é uma "categoria plástica", adaptável a diferentes entendimentos e perspectivas teóricas. Para ele, a expressão oscila entre duas concepções principais: uma delas é referente ao conjunto dos produtos da imaginação, ou seja, a uma espécie de repositório ou repertório social; e a outra, de maior amplitude, alcança a própria atividade de "pôr em imagem", de imaginar. A primeira concepção é certamente mais usual. Frases como "o imaginário em torno do Carnaval" ou "o imaginário das pessoas em relação ao câncer" indicam o uso do termo como um determinado repertório socialmente instituído e difundido.

Em todos os casos, porém, as dimensões política e epistêmica do "imaginário", dado seu caráter coletivo, se fazem presentes. Nesse sentido, ao contrário do que entende o próprio Wunenburguer, o imaginário não é "coerente", uma vez que vinculado às contradições da vida social. Aliás, a própria percepção de uma coerência no âmbito do imaginário sugere, como aponta o filósofo grego Cornelius Castoriadis (1982), uma "lógica conjuntista-identitária", ou seja, o entendimento de que é possível organizar o mundo em agrupamentos constituídos por uma identidade comum e estável. Em sua crítica à tradição do pensamento europeu (ao "conhecimento herdado"), Castoriadis recusa os modos imaginativos que tomam a diversidade como uma espécie de variação de um mesmo, temporal e identitário, e que compreendem a sociedade como um conjunto assentado na identidade coerente de suas partes. A preocupação do filósofo grego é com as possibilidades de emergência do novo, de outras e/ou inéditas construções e ações imaginativas, algo esvaziado pela "lógica conjuntista-identitária". Nesse ponto, tanto Castoriadis como Ricoeur, em que pesem suas diferenças, concordam no entendimento do imaginário como a condição de "inovação semântica", de novas possibilidades de ser e estar no mundo, de outros desenhos sociais.

2.4 Mitos

As relações do jornalismo – e também os diferentes produtos e processos mediáticos – com o imaginário, por sua vez, passam, como apontaram as/os pesquisadoras/es estadunidenses S. Elizabeth Bird e Robert Dardenne (1999), entre outros, pelo vínculo entre as narrativas jornalísticas com os mitos que fundamentam a vida social. Novamente, nos deparamos com mais um termo delicado e deslizante. O filósofo catalão Lluis Duch, que dedicou parte significativa da sua produção acadêmica aos estudos dos mitos, considera, numa formulação elaborada em parceria com Alberto Chillón (2012), que eles são uma categoria "imprecisa", "incerta" e "vaga". Apesar disso, não há como apreender as relações que constituem uma dada realidade social sem considerá-los. Os mitos operam na base da "enciclopédia" de uma dada cultura, são seu fundamento. Isso é dizer, então, que os mitos são vistos muitas vezes sob as lentes ambivalentes que envolvem a ficção: as crenças e construções míticas que fundam uma dada realidade podem ser vistas como ficções, como "mitologias", por pessoas que vivem em outros mundos.

Sendo narrativa, os mitos têm, para Duch e Chillón, duas facetas aparentemente irreconciliáveis. De um lado, eles são "um núcleo narrativo perene que se plasma em invariantes temáticas ativas – de modo latente ou patente – em quaisquer culturas, por distintas e distantes que sejam" (2012, p. 199, tradução nossa). Como histórias que circulam na vida social, os mitos são duradouros, sendo repetidos e retomados continuamente. As histórias relativas aos mitos cristãos do paraíso, do juízo final ou da criação da humanidade, por exemplo, são narrados continuamente, assim como os mitos relativos aos fundamentos a partir dos quais se vive uma identidade nacional. De outro lado, dizem os pensadores catalães, os mitos são uma "crosta", uma "derme", mutável, que "adquire substância em incontáveis variantes de acordo com a heterogeneidade das tradições culturais, políticas e religiosas que compõem os respectivos *mundus*" (2012, p. 200, tradução nossa). Esse aspecto variável permite que os mitos sejam constantemente atualizados e adaptados às transformações sociais, mantendo-se, assim, presentes na vida social. Da mesma forma que se reconta continuamente, em certas realidades sociais, o mito cristão do conflito entre Caim e Abel, essa mesma história é alvo de inumeráveis variações, que expõem a rivalidade entre irmãos e a luta entre bem e mal. Entre essas atualizações, algumas das mais conhecidas são materializadas nas telenovelas brasileiras. As duas versões de *Mulheres de Areia*, com o embate entre Ruth e Raquel, talvez sejam exemplos emblemáticos.

As duas feições do mito, assim, só são "irreconciliáveis" em aparência, pois ambas dizem tanto da sua perenidade quanto da sua vitalidade. Nesse sentido, é importante nos atentar para o fato de que, no mito, comunicamos menos "a história referida", a "fábula" da narrativa, do que um sistema de valores e modos de entendimento da vida. Uma das histórias que marcam a fundação do Brasil é a do "Dia do Fico", quando, em 9 de janeiro de 1822, o regente Pedro de Orléans e Bragança decide não retornar a Portugal, dando início à separação da então colônia da sua metrópole. Essa história adquire contornos de mito fundacional da brasilidade não ao recuperar o contexto histórico da permanência do filho de D. João VI no Brasil, e sim ao afirmar valores como a importância de decisões, a confluência entre bem coletivo e individual, e especialmente a afirmação de que há uma "nação" e um "povo" que merecem o "bem" e a "felicidade geral". Por sua vez, seja na forma tradicional do embate entre Abel e Caim, seja como Ruth e Raquel, esse mito nos apresenta o bem na forma da inocência, da generosidade, do cuidado, do respeito às regras, convenções e tradições e o mal como o egoísmo, o autocentramento, a crueldade, a rebeldia, o desrespeito aos outros.

O filósofo português José Maria Mardones (2005) nos lembra que, mesmo em sua feição mais atual ou contemporânea, o mito é fortemente vinculado aos ritos, ou seja, aos rituais e ordenamentos sociais. Encarnando-se neles, os mitos se preservam e se atualizam, mesmo que as pessoas que deles participem não se deem conta disso. O ritual do casamento em algumas religiões cristãs, por exemplo, envolve a espera do noivo próximo ao altar e à autoridade ali presente. Cabe a esse noivo receber a noiva, que lhe será entregue pelo pai ou uma figura masculina familiar. Em geral, o noivo está de roupa formal e em tom escuro, que contrasta com o vestido claro, na maioria das vezes branco, e ornamentado da noiva. O ritual é o de formação de uma nova família, cuja liderança cabe ao homem. À noiva, que é entregue ao novo "chefe de família", o ritual regula também sua passagem à condição de adulta, pela perda da virgindade. Mesmo que muitas pessoas não concordem com os valores patriarcais, masculinistas e misóginos que compõem essa teatralidade, ao encená-la, eles se mantêm e se renovam. Nesse sentido, são muito interessantes os esforços de atualização desse ritual (com a mãe conduzindo o noivo, por exemplo) e também as formas muitas vezes ambíguas, irônicas ou cínicas como as/os nubentes e pessoas presentes o vivem.

Como instituição social, o jornalismo atua tanto na preservação quanto na atualização dos mitos que fundam uma dada realidade. Além disso, como observam Bird e Dardenne, ele tem suas próprias narrativas fundadoras, muitas delas relacionadas, por exemplo, a dicotomias (*hard/soft news*) ou de afirmação da figura do repórter (em sua "objetividade", em sua capacidade investigativa, em seu compromisso de "descobrir" a verdade e torná-la pública etc.) Ao atualizarem os mitos e se assentarem neles, as narrativas jornalísticas contribuem para gestos ora conservadores ora "progressistas" em relação aos modos de entendimento e de experiência social. Não há, nessa perspectiva, nenhuma possibilidade de "isenção" ou "neutralidade". As narrativas jornalísticas são parte da fabulação social e cada uma delas indica posicionamentos específicos nas tensões existentes e em relação aos modos imaginativos em disputa. Nesse sentido, as mídias informativas são elas também localizadas socialmente e contribuem, com seus posicionamentos, para as percepções acerca dos territórios e grupos sociais.

Em diferentes programas jornalísticos policiais (assim como nas editorias semelhantes em portais noticiosos e jornais), é recorrente encontrarmos o mundo organizado na oposição entre "bem" e "mal" e no entendimento do crime (por mais recorrente que seja) como algo fora da norma, que, por sua vez, deve ser restaurado pela condenação dos culpados. Assim, de um lado está o "mal", os "bandidos", e de outro está o bem, as pessoas boas, os cidadãos comuns e os agentes da lei. As histórias que os telejornais trazem, em sua maioria, atualizam mitos cristãos, narrando recorrentemente a luta do bem contra o mal, este representado pelos "criminosos", uma categoria social específica, fora do humano, à qual não resta outra coisa que não o extermínio ou a prisão. Essa construção recorrente faz ver um entendimento acerca do crime e o organiza a partir de certos modos imaginativos presentes na sociedade brasileira. Poderiam ser outros os modos de narrar e contar essas histórias, e a opção por fazê-lo recorrentemente com o recurso à categorização identitária e dicotômica explicita a sua construção imaginativa e o seu agir na experiência social.

3

ESTÉTICAS EM CONFLUÊNCIA

Os vários livros introdutórios dedicados a apresentar os modos de fazer jornalísticos em geral desconsideram, tal como apontado em Leal (2012), as dimensões propriamente textuais e narrativas. Fortemente centrados em processos de produção da notícia, em especial na apuração, esses "manuais" relegam ao texto uma visada instrumental, eminentemente verbal e normativa: não raro, eles se dedicam a recuperar regras gramaticais ao passo que desconsideram, por exemplo, as qualidades peculiares das linguagens sonora, visual e audiovisual. É como se o texto e a narrativa fossem consequência direta dos processos de apuração e edição, e não dimensões decisivas na conformação das notícias, reportagens e mídias informativas.

Com isso, os aspectos estéticos que envolvem os modos de contar as histórias jornalísticas são muito pouco considerados em parte significativa da produção acadêmica. Deixa-se de lado, em um segundo plano, relações importantes no entendimento acerca dos porquês das notícias serem como são, de como se relacionam com as realidades sociais e com suas/seus interlocutoras/es. Afinal, os aspectos estéticos dizem respeito à forma da narrativa, às características sensíveis e materiais de sua articulação de signos e linguagens, às configurações do seu mundo possível e aos modos como afeta quem com ela interage.

Ao longo de sua história, variações do jornalismo de notícias desenvolveram diferentes articulações com tradições estéticas diversas. Assim, é possível observar relações íntimas e vitais do jornalismo como instituição social e dos seus diferentes produtos com o realismo, o melodrama, o grotesco (Sodré; Paiva, 2014), o fantástico (Manna, 2017; Motta, 2006) e o gótico, por exemplo. Ao mesmo tempo, termos peculiares ao jornalismo têm, entre suas flutuações e errâncias de sentido e referente, também dimensões estéticas, sendo o "sensacionalismo" um dos casos mais significativos. Esses diálogos com tradições estéticas inserem as narrativas e os modos de ser jornalísticos em esferas mais amplas das realidades culturais, uma vez que todas elas, como dissemos, se desenvolvem em confluência entre si e com outras produções culturais, mediáticas ou não. Algumas delas, como o realismo e o melodrama, são particularmente decisivas para as narrativas jornalísticas.

3.1 O realismo e suas ilusões

De início, é preciso distinguir o "realismo" tal como entendido na tradição filosófica ocidental, em torno da especulação sobre a realidade para além das aparências, e o uso do termo no âmbito da história da arte e dos estudos sobre estética, que investigam sobre as relações entre as produções artísticas e culturais e as realidades histórico-sociais. É nessa segunda acepção que usamos "realismo" aqui. Conforme observa a pesquisadora portuguesa Cristina Ponte (2005), o realismo fornece ao jornalismo de notícias algumas de suas metáforas e relações fundamentais, como a imagem do "espelho do real", e o entendimento da realidade como algo observável a partir dos acontecimentos. O jornalismo de notícias, que ao longo do século XX se firmou como base e referência para essa instituição social, nasce aliás precisamente em meio à expansão e consolidação dessa proposta estética. No Brasil, um marco fundamental dessa aliança entre jornalismo e o realismo-naturalismo é o clássico *Os sertões,* de Euclides da Cunha, construído a partir da experiência do escritor como repórter de *O Estado de São Paulo* durante a Guerra de Canudos.

Inicialmente uma corrente literária nascida no século XIX, o realismo tem entre seus expoentes alguns dos grandes nomes da literatura francesa, como Flaubert, Balzac, Stendhal e Zola; russa, como Tolstói; e de língua inglesa, como Henry James, Mark Twain e, mais tarde, já no século XX, Ernest Hemingway. No final do século XIX, o realismo tinha a face do naturalismo de forte influência francesa e protagonizado no Brasil por nomes como Aluísio de Azevedo. Não por acaso, um de seus romances mais famosos, *Casa de Pensão*, que busca retratar a vida de um estrato específico da sociedade urbana brasileira através do registro de um microcosmo particular (a casa que alugava quartos), foi inspirado em notícia de um crime publicada em um jornal. Como observa Jacques Rancière (2014), que tem como referência a literatura europeia: o realismo nasce vinculado a um propósito político, que visa afastar a produção ficcional dos parâmetros e cânones aristocráticos e monarquistas. Sendo republicano e democrático, o realismo se volta para as "pessoas comuns" e para a vida cotidiana, deixando de lado o foco nas grandes personagens, valorizadas por outras correntes estéticas.

A crítica literária brasileira Flora Sussekind (1984), em um importante estudo sobre a permanência do realismo no Brasil, define essa corrente como uma "ideologia estética". Para Sussekind, o realismo-naturalismo e sua permanência na produção literária brasileira explicitam seu caráter ideológico. Essa tradição estética se renova na afirmação de uma identidade nacional e na busca por narrá-la. Trata-se, assim, de um esforço de "representar uma identidade para o país, de *apagar*, via ficção, as divisões e as dúvidas" (1984, p. 43, grifo da autora). Uma dimensão ideológica do realismo se revela então: a identidade é o fundamento desse agir narrativo, sendo também, curiosamente, o seu destino. O realismo pressupõe a existência de uma realidade reconhecível, uma vez que haveria uma identidade manifesta em relações entre personagens, situações e acontecimentos; retratar essa realidade dá sentido e justifica a empreitada narrativa, dizendo, portanto, tanto de seu pressuposto quanto de sua finalidade.

Esse princípio ideológico, que justifica a busca narrativa pela realidade identificável, supõe também parâmetros e modos de utilização da linguagem. Recurso fundamental ao empreendimento realista, o texto tem apagadas as suas mediações e é tratado como "mera denotação, transparência cujo significado encontra-se em outro lugar" (Sussekind, 1984, p. 34). Uma segunda dimensão ideológica do realismo tem então íntima ligação com os modos de narrar, de configurar os mundos narrativos. Como diz Sussekind, é "Como se a pura denotação, a homologia perfeita, o reflexo sem interferências, a repetição sem a diferença, fossem possíveis" (1984, p. 35).

O realismo, como uma ideologia estética, fundamenta-se na realidade a ser narrada, pois busca apresentar, narrativamente, um mundo existente, a vida tal como ela é, os acontecimentos tal como se sucedem. Para isso, todo o movimento interpretativo que sustenta a construção de mundos narrativos deve ser orientado para o propósito de "imitar", "representar" a realidade, como se a linguagem e o texto fossem transparentes e a narrativa um "meio" indiferente. Na imagem de "espelho" da vida, do real, é como se deixássemos de prestar atenção no vidro, na moldura e nos modos como o reflexo é produzido.

Tal como afirma Sussekind, o ideal de transparência do realismo é impossível de ser alcançado. Nesse sentido, essa estética assenta-se em uma contradição: o realismo se justifica na apresentação de uma realidade que, ao fim e ao cabo, ele mesmo constrói e faz existir. Afinal, essa realidade prometida existe efetivamente no texto (verbal, visual, audioverbovisual etc.) como um mundo possível, construído simbolicamente, a ser chancelado e legitimado por suas/seus interlocutoras/es. Essa contradição está no cerne da instituição jornalística. Afinal, mídias informativas e outros produtos jornalísticos justificam sua existência e sua relevância social por oferecer "a realidade", mesmo que na forma de seus acontecimentos "mais importantes". O conjunto de valores que orientam a instituição jornalística, como respeito aos fatos e o compromisso com a verificação, simultaneamente promove e pressupõe sua credibilidade: o jornalismo é crível porque se atém aos fatos verificáveis e ele se atém aos fatos verificáveis para ser crível. Em algum momento, como vimos, chegou-se a recusar seu estatuto narrativo das informações jornalísticas na afirmação de uma relação objetiva com a realidade e no entendimento das notícias não como histórias, e sim como "relatórios" impessoais dos acontecimentos.

Ao longo dos vários anos de existência, o realismo desenvolveu estratégias e convenções narrativas para sustentar e promover essa credibilidade. Novamente nos deparamos, então, com um paradoxo. As convenções narrativas, por mais duradouras que sejam, são protocolos e estratégias que visam facilitar a relação com interlocutoras/es. Por serem recursos artificiais, convencionais, elas se esgotam e precisam ser então renovadas. No âmbito da produção literária e da pintura, um dos pensadores que refletiu sobre o cansaço das convenções foi o tcheco Roman Jakobson (1999). Para ele, diferentes vanguardas estéticas realistas se opunham e se renovavam exatamente quando o que parecia ser uma estratégia suficientemente realista para uma se mostrava um artifício para outra, que buscava então desenvolver outros protocolos e convenções.

Um recurso realista que se renova e ao mesmo tempo se mantém é o que foi chamado de "pormenor insignificante" pelo pensador francês Roland Barthes (1984) e, em contraposição a ele, de "detalhe significante" pelo crítico literário inglês James Wood (2011). Trata-se da presença, nas narrativas, de pequenos detalhes descritivos, que se apresentam ali como se fossem desnecessários ou secundários, sendo possível compreender o que acontece sem eles. No entanto, observa Barthes, eles são decisivos para o "efeito de real", ou seja, para a produção da ilusão referencial da narrativa. No caso das narrativas predominantemente verbais, esses "pormenores" são trechos que trazem caracterizações de ambientes, cenários, traços físicos de personagens. Nas narrativas sonoras, eles se apresentam, às vezes muito sucintamente, na construção verbal e nos "ruídos" de fundo, que como que nos "fazem ver" paisagens particulares. Já nas narrativas audiovisuais, é principalmente a imagem captada pelas câmaras que assume o papel de trazer esses "detalhes".

O telejornalismo, por exemplo, é frequentemente criticado por concentrar a informação noticiosa no texto verbal, relegando à imagem um papel secundário, complementar e muitas vezes redundante. No entanto, esse aparente "esvaziamento" da imagem técnica explicita uma ancoragem mútua entre ela e a palavra, que, juntas, chancelam o mundo narrativo apresentado (Leal, 2006). Quando nos deparamos, num telejornal qualquer, com uma voz em *off* narrando o acontecimento, ao passo que as imagens mostram cenas das pessoas e locais, há um processo de dupla remissão: a palavra "realista" remete ao local que é mostrado na imagem, que, por sua vez, adquire sentido naquilo que é dito verbalmente. A redundância, nesse caso, pode ser entendida como uma "hipertrofia" do pormenor: as imagens das câmeras "descrevem" o que é dito em palavras.

O pormenor insignificante e suas variações explicitam a dependência da narrativa realista da descrição, seja ela feita por palavras, sons ou imagens captadas por câmeras. Esses recursos auxiliam no estabelecimento de coordenadas espaçotemporais reconhecíveis na realidade de referência e contribuem para a ancoragem das narrativas em realidades históricas específicas. Em qualquer narrativa jornalística, por exemplo, haverá sempre uma indicação de "quando" e "onde", assim como informações que parecem ser "desnecessárias", como nome completo e idade de pessoas, endereços, "imagens de passagem", informações de trânsito e clima, placas de automóveis etc. Todos esses "detalhes" são informações que ancoram a notícia ou a reportagem num dado ambiente, firmando assim a ilusão referencial que a sustenta.

Outras estratégias realistas têm trajetória semelhante ao "pormenor insignificante". Uma delas é a atenção à personagem, tomada como centro e vetor da narrativa. Essa personagem tem sua fala registrada no texto realista, seja na forma de discurso direto ou indireto, numa articulação descrita pelo pesquisador francês Maurice Mouillaud (1996), no caso do jornalismo, como um "sistema de citações". Não por acaso, jornalistas se esfalfam para encontrar "fontes", "personagens" e "especialistas" que possam fornecer as falas necessárias para autenticar e aproximar a realidade narrada à "vida tal como ela é". É mesmo um recurso recorrente em notícias, de diferentes meios e mídias, a apresentação de "personagens" que representam um coletivo (a dona de casa reclamando dos preços no supermercado; a motorista falando do engarrafamento; o transeunte comentando o calor ou a chuva; o torcedor exprimindo a expectativa do jogo; a moradora de tal lugar etc.); autoridades oficiais ou científicas, que falam uma verdade autenticada pelas instituições que representam; ou ainda fontes institucionais, como órgãos do Estado e empresa, que se manifestam sobre ocorrências e situações. Em todos os casos, em narrativas breves ou longas, essas personagens e suas falas introduzem uma espécie de relevo na narrativa, uma vez que sua presença "traz à história" o mundo em que vivem e contribui para o desenrolar dos acontecimentos.

Maria Betânia Moura (2006) retoma da estadunidense Gaye Tuchmann a expressão "teia de facticidade" para apreender outra estratégia realista. Toda e qualquer narrativa traz um conjunto de acontecimentos que contribuem para o andamento e desenvolvimento da história. Nem todos esses acontecimentos são desenvolvidos ou são tratados com a mesma relevância que outros. Há, assim, nas narrativas, acontecimentos maiores e menores. Numa narrativa jornalística, o "grande acontecimento", aquele que dá sentido à história, é sempre acompanhado de outros, "pequenos", que, articulados, contribuem para a coerência do mundo narrado. Numa notícia curta sobre um acidente de carro, haverá "detalhes" aparentemente "insignificantes", como a placa do veículo, a hora da batida, os nomes das pessoas envolvidas etc. Haverá, também, alguma "personagem", nem que seja a polícia, cuja fala será mencionada, ou informações como "a vítima não quis se manifestar". Haverá, ainda, pequenas histórias como a chegada do socorro, a ida ao hospital, a presença de testemunhas, a situação do trânsito, da via etc., e são esses "pequenos acontecimentos", que se mostram coerentes com o "principal", que produzem a "teia de facticidade" necessária para autenticar a realidade referida e promover o "efeito de real".

Ainda que alguns recursos permaneçam – se transformando –, o realismo mantém sua vitalidade, renovando-se ao longo dos anos. No início do século XXI, pesquisadores como o brasileiro-dinamarquês Karl Erik Schollhammer (2009, 2012, 2016) e a brasileira Vera Figueiredo (2009) apontam para algumas características da estética realista neste momento. O ideal de transparência da linguagem se apresenta agora não sob a forma de apagamento da mediação, mas, ao contrário, da sua exposição. Esse recurso, inicialmente presente em documentários, constitui-se na exposição dos contatos humanos, da parafernália técnica, dos modos de construção da narrativa, de modo a dar a ela mais autenticidade. O ideal de transparência agora não implica esconder a mediação, e sim revelá-la, problematizá-la, colocá-la diante dos olhos de quem vê/ouve/lê a história. Como Figueiredo observa, essa estratégia, por maior que seja a transparência da mediação, não tem como desconsiderar nem apagar que há uma construção, que se assenta, mesmo de esguelha, no elemento fabular de toda narrativa.

A "transparência da mediação" muitas vezes é vista como um recurso que se opõe à intensificação da opacidade dos meios audiovisuais mais industriais. Nos anos 1980, Umberto Eco, o italiano Francesco Casetti, o francês Roger Odin, o estadunidense John Caldwell e o teuto-estadunidense Hans Gumbrecht, entre outros, mostraram a emergência de uma "realidade televisiva". À medida que seu aparato tecnológico e de linguagem se sofisticou, a televisão (aberta, no caso) começou a conformar as realidades sociais às suas necessidades narrativas e comerciais. Assim, na cerimônia pública de um casamento real, que envolvia a presença de cavalos, eles foram devidamente tratados para que suas fezes não aparecessem nas câmeras; os jogos de basquete e de vôlei foram "ajustados" para que sua duração fosse mais previsível e compatível com as grades de programação; as cerimônias de premiação se tornaram programas de auditório e passaram a ser acompanhadas pela chegada e entrevista das/os participantes. Os exemplos são inúmeros.

O ponto alto da "realidade televisiva" se dá com a explosão dos *reality shows*. Com a promessa inicial, fundamentalmente realista, de trazer a "realidade" e as pessoas "como tal", esses programas oferecem efetivamente "mundos fabricados" pelos protocolos estabelecidos pelas produtoras audiovisuais. Cada vez mais, os *reality shows* são jogos, cujas regras são conhecidas por todos e envolvem a exposição da privacidade e intimidade física e/ou emocional de quem deles participam. Não é à toa que esses jogos, sendo realistas, têm a autenticidade (das personagens, de suas ações e emoções) como valor e parâmetro fundamental, como observa a pesquisadora inglesa Anette Hill (2007).

Karl Erik Schollhammer (2009, 2012, 2016), em seus estudos sobre a literatura realista brasileira contemporânea, identifica o que ele chama de "realismo afetivo". Essa nova forma do realismo se ancora na dimensão afetiva que emerge do encontro entre a materialidade textual e o corpo de quem lê/vê/ouve. Com isso, a "obra ganha realidade envolvendo o sujeito sensivelmente num desdobrar dinâmico de sua atualização no mundo" (2016, p. 16). Trata-se da recusa de outra estratégia realista, aquela que busca o "efeito de real" no distanciamento, na impessoalidade, no "relatório", na objetividade. Agora, a dimensão emocional, afetiva, da realidade é valorizada, de modo a produzir identificação e reconhecimento. No jornalismo, esse "realismo afetivo" se materializa numa diversidade de narrativas ou em primeira pessoa ou nas quais a/o repórter é uma personagem importante.

Em ambos os casos, a preocupação com a representatividade é um componente vital para a construção das histórias. Ao narrar em primeira pessoa, a/o repórter constrói um "eu" que experiencia acontecimentos e situações e que atua como uma espécie de "porta-voz", de olhar, de quem se supõe ser a leitora, o telespectador, o ouvinte, a internauta. Esse "eu", mesmo trazendo marcas da pessoalidade do/a jornalista, é antes de tudo uma relação de saber e de posição em relação ao que é narrado, em simetria com a interlocução pressuposta. Assim, se a história é de alguém indo pela primeira vez num rodeio ou num festival de música de um gênero tal ou qual, o pressuposto é que esse "eu", assim como leitoras/es, é o de quem não tem conhecimento dessa realidade e que vai estranhá-la e conhecê-la. Da mesma forma, se a narrativa é da experiência da/o repórter viajando por uma região ou cidade supostamente desconhecida, espera-se que esse "eu" seja correlato ao de quem assiste/vê/ouve, ou seja, que essa pessoa não conheça tal lugar. O "eu" que narra diz menos da pessoalidade da/o jornalista e mais de lugar a ser ocupado, de um papel a ser desempenhado, de uma interlocução a ser buscada. É preciso que esse "eu" seja construído para bem performar o lugar social que representa.

Em reportagens em que a/o repórter vive experiências, não é infrequente que suas "emoções" sejam reveladas. Assim, ao entrar num balão, para sobrevoar um cânion ou um desfiladeiro, a/o jornalista demonstra sua excitação, seu medo ou ambos. Ao experimentar uma comida feita em um restaurante, numa viagem ou numa reportagem gastronômica, essa personagem dirá, quase sempre, de que se trata de algo muito saboroso. Diante de uma cena chocante, vemos alguém ou triste ou chocada/o ou horrorizada/o ou tudo isso. A expressão de emoções, nesse caso, tem também algo de convencional. Não importa se a/o jornalista efetivamente sente ou não o que expressa; é necessário que essa emoção seja equivalente ao que se espera socialmente da experiência daquela situação. Numa reportagem de tv, uma jornalista caminha por uma cidade estrangeira. Ela vai se mostrar, ao longo da reportagem, por mais entediada ou mal-humorada que esteja, interessada, fascinada ou ao menos curiosa com os lugares que visita, pessoas que conhece, situações que vive. É o seu papel expressar essas emoções, fundamentais para que a narrativa se desenvolva e para que se promova a identificação do/a telespectador/a. Essa ancoragem afetiva é mais uma convenção para a autenticação da realidade construída pela narrativa, como observa Vilas Bôas (2017).

Nesse momento, a articulação entre realismo e o apagamento das fissuras da realidade, tal como identificada por Sussekind, revela outra faceta, mais contemporânea. O realismo, com mais de um século de história, lida agora com o esgotamento de algumas de suas convenções e estratégias e com a crise ou crítica a alguns de seus postulados iniciais, como a ideia de uma identidade nacional ou do "caráter" de um povo. No entanto, não consegue renunciar a uma visada identitária que se assenta num comum relativamente homogêneo nem do desafio de "enfrentar a realidade". Seja em variações como o jornalismo investigativo ou de denúncia, o realismo se propõe a desvendar a realidade, que se mantém enigmática, desconhecida, incerta ou insegura, em disputa. Nesse sentido, o realismo sobrevive exatamente pela insegurança da realidade. Os diferentes realismos e suas narrativas indicam então atitudes e concepções distintas sobre a realidade. *Grosso modo*, de um lado há a afirmação de "uma realidade" decifrável e passível de ser conhecida pelo esforço e trabalho de quem se propõe a fazê-lo; de outro, há o reconhecimento de que esforço e trabalho, se reveladores de aspectos e dimensões do que acontece, serão parte do processo constante de disputas e processos de construção da realidade. Entre essas posições, diversos outros lados e posicionamentos são possíveis e se materializam nas histórias que o jornalismo conta.

Uma pergunta a se fazer então é "para quem?". Aos olhos de quem a realidade seria compreensível, enigmática ou incerta, quem a disputa? O gesto "desvelador" da/o repórter, que pode envolver a explicitação ou não as "suas" emoções, tem como parâmetro o que a historiadora francesa Géraldine Muhlmann (2008) chama de olhar unificador. Ao longo da sua história, o jornalismo de notícias, assentado em seus fundamentos realistas, tem como referência uma ideia de "público" que é ao mesmo tempo ponto de partida e destino final das histórias que conta. Para esse público, a/o jornalista é uma espécie de embaixatriz/dor, ou seja, atua representando esse "lugar comum". Para Muhlmann, esse gestor unificador, a bem dizer homogeneizador, é um pilar da instituição jornalística moderna, que registra algumas notáveis exceções, que ela dedica-se a explorar. De modo geral, diz ela:

> Para além de suas nuances aparentes, o objetivo parece permanecer o mesmo: enfatizar que jornalistas se dirigem a um público percebido como uma entidade unificada, e que tem direito a ter o que lhe é devido, ou seja, uma descrição que não é exclusivamente singular,

na qual é aplicável o critério de sentido comum, e assim apresentar uma realidade *comum* (2008, p. 8, tradução nossa, grifos da autora).

É a ação jornalística que produz esse "senso de comum", que unifica e aparentemente sutura as fraturas sociais em uma identidade que perpassaria todas/os interlocutoras/os. Pode-se objetar, em contraposição a essa crítica, que qualquer ação comunicativa supõe uma "imagem" dos/as interlocutores/as e, uma vez que a comunicação pode se dar entre milhares ou milhões de pessoas, essa construção imaginária fatalmente irá homogeneizar diferenças. No entanto, não se trata exatamente da projeção de um/a "interlocutor/a imaginário/a" simplesmente. A observação crítica refere-se à construção desse "sentido de comum", inclusive em seus aspectos políticos e ideológicos, da qual emerge a figura de embaixador ou embaixatriz que a/o repórter se arvora ao desempenhar sua função. Ao invés de atentar-se a diferenças, presentes em qualquer realidade social e em qualquer cotidiano, essa ação delegada atua para a instituição de um comum compartilhado, a ser alcançado e ofertado. Há, então, um centramento, social, política e epistemicamente demarcado, de olhar na produção desse comum pela ação narrativa jornalística, que se articula com seus princípios realistas.

É necessário que haja uma realidade comum, mesmo que não seja de todos/as, mas que seja compartilhável por um grande número de pessoas. Esse pressuposto se materializa nas histórias contadas pelo jornalismo, que, assim, não renunciam a identidades coletivas reconhecíveis como os "políticos", os "pobres", o "povo", o "mercado", os "servidores". Essas identidades unificam pessoas e promovem categorias compartilháveis, comuns, por mais etéreas ou insustentáveis que sejam. A preocupação em representar uma realidade comum faz com que, segundo

Muhlmann, os pressupostos epistemológicos do jornalismo sejam frágeis ou pouco rigorosos (como o próprio sentido de "verdade"). Este seria o preço a ser pago pela instituição jornalística, mesmo quando interpreta erroneamente as expectativas "comuns". As contradições do jornalismo, inclusive aquelas vinculadas às suas bases realistas, "apenas confirmam o ato essencial, no coração do jornalismo moderno, de unificar o maior público possível" (2008, p. 13, tradução nossa).

3.2 Melodramas

Em princípio, a base realista que fundamenta o jornalismo de notícias recusaria o diálogo com outras tradições estéticas, em especial aquelas ligadas às emoções e que se utilizariam dos recursos de linguagem de modo menos cauteloso, distante da constrição, do "escrever é cortar palavras". Muito do que se entende como "bom jornalismo" ou o "padrão" jornalístico ainda afirma a recusa dos chamados "excessos" ou "malabarismos retóricos" e confirma a objetividade e o ideal de transparência da linguagem como parâmetros incontornáveis. No entanto, como vimos, essa constrição não se verifica em várias e várias produções jornalísticas, nem no presente, nem no passado.

Abre-se então a porta para observarmos uma combinação aparentemente improvável e a forte presença de um modo de fabulação da realidade que se contrapõe à imparcialidade e à sobriedade. Mídias informativas e notícias não raro professam um "realismo melodramático", incorporando e dependendo fortemente dessa outra tradição estética para a configuração das histórias que contam. O melodrama é definido na importante obra do crítico estadunidense Peter Brooks (1995) como um modo imaginativo, que se desenvolve na Europa, em especial na França nos tempos da Revolução. Nascido no teatro popular, o melodrama alcança a literatura e se espalha por diversas produções culturais (no cinema, na música, na televisão) nos anos e séculos seguintes. Ainda que tenha recursos e estratégias narrativas reconhecidas, o melodrama, a partir do que analisa Brooks, é uma forma de imaginar, de configurar mundos possíveis, assentada numa organização moral do mundo. Essa moral é dicotômica, envolve necessariamente a simplificação da complexidade social nos termos antinômicos de bem/mal.

Não apenas Brooks, mas outros estudiosos do melodrama – como o brasileiro Ismail Xavier (2003) e o francês Jean-Marie Thomasseau (2005) – o associam às transformações sociais que ocorreram nos séculos XVIII e XIX, ou seja, no início e consolidação da modernidade europeia. Com a dessacralização da vida social (que se materializa, por exemplo, na separação entre Estado e Igreja), o forte crescimento das cidades e as transformações sociais decorrentes das mudanças econômicas, o melodrama desenvolve-se como um modo imaginativo que produz parábolas morais (nem sempre explícitas) através de narrativas acessíveis, de fácil comunicação, e que não deixam de ter um importante caráter pedagógico. Como observam Xavier, Brooks e o brasileiro Maurício Bragança (2007), entre outros, a comunicabilidade das narrativas melodramáticas, em seu esforço de expor a vida cotidiana, frequentemente recorre a excessos retóricos, como a exposição dramática e/ou explosiva de emoções e sentimentos. Sua origem e apelo populares não raro levaram as obras melodramáticas a serem consideradas de mau gosto, em contraste com produções esteticamente mais refinadas. Isso não impediu que alguns dos grandes romancistas do século XIX, que produziram obras tidas como clássicos do realismo, dialogassem com o melodrama. É o caso de Balzac e Henry James, estudados por Brooks.

A construção binária, de fundo cristão, que materializa a imaginação melodramática produz personagens que desempenham papéis reconhecíveis nas diferentes histórias. Essas personagens encarnam a luta do bem contra a moral, em diversas variações, como o embate entre vício e virtude, egoísmo e generosidade, corrupção e integridade, e desempenham funções facilmente identificáveis. Como observou Martín-Barbero (2009), entre outros, em obras melodramáticas encontramos vítimas, heróis e vilões, feitos e refeitos de diversas formas, à exaustão. Ao longo do século XX, as narrativas melodramáticas passaram a conter também um núcleo cômico, responsável por uma distensão provisória, mas que em nada rompem com a polarização moral.

Se, em tempos atuais, encontramos produções que são explicitamente melodramáticas, como é o caso emblemático dos longas-metragens de animação da Disney, nos deparamos também com obras que jogam com estratégias e recursos acumulados por essa tradição estética. O *Rei Leão*, produção da Disney, é talvez um dos casos mais patentes de construção melodramática, ao contar a história de um usurpador (o tio *Scar*) que transforma o rei legítimo em uma vítima: o "casal real" é assassinado e seu filho, exilado. Ao longo do filme, vemos o filhote *Simba* tornar-se adulto e desenvolver-se de vítima a herói, derrotando *Scar* e confirmando que o bem sempre vence o mal. Em duas telenovelas de João Manuel Carneiro, por sua vez, *A Favorita* e *Avenida Brasil* (TV Globo, 2008/2009 e 2012, respectivamente), assistimos a jogos entre vítima/heroína e vilã. Na primeira, a heroína não aparentava ter os traços de humildade e sofrimento que expressava a vilã, que se fazia de vítima, confundindo as demais personagens e as/os espectadoras/es. Na segunda, vítima/heroína e vilã mantinham um jogo de espelhos e uma disputa em torno do "mocinho" da história, interesse amoroso da primeira e filho da segunda. Nessas produções, temos a atualização do modo imaginativo melodra- mático, feito de modo conservador, no filme, e "renovador" nas telenovelas. Não por acaso, as três produções culturais formam sucessos de audiência.

Apesar de as metáforas e parâmetros que orientam o chamado jornalismo de referência serem explicitamente realistas, há uma longa tradição de produções melodramáticas jornalísticas. É comum, aliás, que essa associação se dê em relação a programas populares, como os jornais e os telejornais policiais. Sob a ótica do "jornalismo padrão", esses produtos, inferiores numa suposta hierarquia de qualidade, constituem um "outro" jornalismo, que se justifica pela sua capilaridade em determinadas faixas sociais. Num jornal popular impresso, por exemplo, temos o oposto da sobriedade dos "jornalões" tradicionais: manchetes em letras garrafais, muita cor, em especial o vermelho, textos curtos, muitas fotos, o tripé esporte-crime-erotismo (como as imagens de mulheres e às vezes homens seminus nas capas), e ainda, conforme a sua localização geográfica e social, humor e jogos de palavras.

Já os telejornais populares apresentam uma pauta diária ou semanal de crimes diversos, acompanhada às vezes de desastres e dramas cotidianos, numa dicção explicitamente moral e que tem na figura de um apresentador maneirista, quase sempre explosivo e sem pudor de classificações e avaliações valorativas, um elemento central. Os mundos possíveis dos telejornais populares, como dissemos no capítulo anterior, são habitados por "bandidos" e "vítimas" e narram o embate entre lei e ordem. Cabe ao "herói" mais frequente dessas histórias – a instituição policial e seus representantes – o papel justiceiro, de identificar e punir os criminosos e reafirmar a ordem. Os telejornais populares registram e constroem a vida cotidiana sob lentes nitidamente melodramáticas, seja por sua moralidade simplista e dicotômica, seja por seus apelos textuais, seja por reforçarem pedagogicamente os valores que os orientam.

Se tomamos o melodrama como modo imaginativo e não como gênero, percebemos que ele "invade" até os produtos jornalísticos tidos como de referência. Ainda que mais "contidos", mesmo os "jornalões", telejornais e outras produções jornalísticas "de referência" recorrem o tempo todo a apelos e dramaticidades, assim como frequentemente não hesitam em organizar o mundo em termos do embate bem/mal, e construindo personagens tipificados como "heróis", "vítimas" e "vilões". No caso dos telejornais das tvs aberta e fechada, a progressiva desaparição das "cabeças falantes" (apresentadores impassíveis que liam as notícias de modo em princípio impessoal, sentados atrás de bancadas), predominantes nos anos 1960 e 1970, por âncoras expressivos, que muitas vezes ficam em pé e circulam por cenários com distintos ambientes, reforça a identificação com quem está do outro lado da tela, estabelecendo relações de contiguidade e proximidade que "humanizam" a interlocução e visam autenticar o pacto comunicativo ali estabelecido. A expressividade de apresentadoras e apresentadores não é a mesma dos telejornais populares, por certo, mas não é isenta de comentários que explicitam avaliações morais e emotivas sobre o que é narrado. Essas visões de mundo *discretamente* expostas trazem definições *sutis* do que é certo e errado, sobre qual deve ser o papel das instituições sociais, do Estado e da "população em geral", por exemplo.

Ainda que afirmem sua objetividade, muitos produtos jornalísticos oferecem um olhar normativo da vida social, pautada por supostos limites comuns e compartilhados entre o que é direito e o que não é, entre o bom e o ruim, entre o bem e o mal. Essa leitura dos acontecimentos e situações cotidiana não se exime também de gestos pedagógicos, que visam ensinar ou orientar instituições e pessoas sobre os comportamentos considerados adequados e desejáveis. Seja em situações de economia (subida ou queda da inflação), de crises ambientais (como as crises hídricas), de saúde pública (como as epidemias, pandemias e campanhas de vacinação), por exemplo, vemos as orientações acerca do cuidado com as compras, sobre como economizar, da importância de pesquisar preços, de restringir o uso da água, do que devemos fazer para evitarmos contágio ou preservarmos nosso bem-estar.

Da mesma forma que nos deparamos com narrativas em princípio positivas, mídias e produtos jornalísticos também trazem denúncias que expõem os maus comportamentos nessas situações e no dia a dia. Essas várias histórias simplificam acontecimentos e aspectos bastante complexos na vida social, num esforço de torná-los compreensíveis a todas/os. Frequentemente, essas narrativas têm heróis, vítimas e vilões. Mesmo em momentos sensíveis, como eleições e embates políticos, que incidem sobre as vidas da "população em geral" ou de grandes segmentos sociais, circulam nas diferentes mídias informativas imagens de paladinos, de cruzados, de grandes homens (e suas contrapartidas negativas) que ou carregam em seus ombros as soluções para problemas econômico-sociais ou combatem *pragas* como a corrupção e mordomias. Um político "caçador de marajás" que combaterá "maracutaias" ou um "grande juiz" que enfrenta corporações e figuras públicas em nome do correto uso do dinheiro público, por exemplo, são típicos heróis fabulares produzidos por gestos imaginativos melodramáticos.

3.3 Sensações e sensacionalismos

A expressividade contida ou afrontosa de apresentadores/as de telejornal traz à cena a delicada relação entre as narrativas jornalísticas e as sensações. Como construções de linguagem, dotadas, portanto, de dimensões estéticas, as histórias que mídias e produtos jornalísticos contam têm materialidade, apelam aos nossos sentidos e sensações. Uma imagem (no papel ou uma tela) tem tatibilidade, densidade, cor, brilho; o tom de voz de quem fala numa mídia sonora ou audiovisual pode ser agradável, aparentemente neutra, confortável, sóbria, alegre ou lúgubre. As expressividades dos espaços (no papel, na tela), dos corpos, cenários, fontes, linhas, unidades informativas, assim como os ritmos de voz e de imagens, são alguns elementos que conformam as relações que as narrativas jornalísticas estabelecem com o que e para quem narram.

No entanto, as relações entre notícias, reportagens e demais textos jornalísticos e as sensações estão longe de receberem entendimentos pacíficos. Em 2005, as pesquisadoras brasileiras Marialva Barbosa e Ana Lúcia Enne observaram que o uso explícito das sensações como estratégia comunicativa é associado ao jornalismo popular e a hierarquias que são organizadas nas oposições entre bom e mau gosto, seriedade e apelação, elegância e grotesco, objetividade e sensacionalismo. Reconhecendo que essas hierarquias se assentam em preconceitos, as autoras então perguntam: "por que [se entende que] os jornais só se tornam populares quando incluem em seu conteúdo esse tipo de notícia?" (2005, p. 69).

Passados vários anos dessa pergunta provocativa, podemos ampliá-la em mais de uma direção. Por que apenas os "jornais populares" são reconhecidos por considerarem as sensações como parte da informação? Como a expressividade cada vez mais patente de repórteres, âncoras e locutoras/es modifica os entendimentos acerca das articulações entre narrativa jornalística e as sensações? Qual o limite que separa um uso equilibrado? correto? das sensações e o seu exagero, o "sensacionalismo"? Aliás, o que vem a ser mesmo "sensacionalismo"? Essa última pergunta, é importante observar, se mantém provocadora e instigante, há muito tempo.

Como ponto de partida a esse conjunto de questões – e a várias outras que a elas podem ser associadas –, é importante o cuidado de evitar generalizações. Como produtos linguageiros, as narrativas jornalísticas têm as sensações como parte da informação. As sensações integram o "pôr em forma", o *in-formar* de qualquer narrativa e mídia informativa. Isso não é dizer, porém, que todas as produções jornalísticas são "sensacionalistas". Se não há gesto comunicacional que não tenha uma dimensão sensível e afetiva, faz-se necessário então considerar como essa dimensão se apresenta nas configurações de mundos possíveis, como ela é pensada, trabalhada e apresentada em cada história, processo e/ou mídia informativa. Cabe-nos também investigar os termos e conceitos que usamos para apreender as relações entre narrativas e as sensações.

Nesse sentido, como observa a pesquisadora brasileira Márcia Franz Amaral (2005), "sensacionalismo" é um conceito errante, uma vez que seu exame de perto mostra insuficiências e generalizações que o tornam impreciso e vago. Podemos dizer que se trata de um *significante flutuante*, já que suas relações de significação variam fortemente em contextos e discursos específicos. Nos seus diferentes usos, podemos identificar que "sensacionalismo" abrange a dimensão estética das narrativas, pois diz dos modos como as histórias são compostas, e também aspectos éticos e normativos do fazer jornalístico. Como observa o brasileiro Danilo Angrimani (1994), autor de um dos poucos livros em português dedicados ao tema, "sensacionalismo" é "a primeira palavra que as pessoas utilizam para condenar uma publicação" (1994, p. 13). A condenação ético-normativa, assim, não se distingue de uma apreciação estética.

Mais que isso, como acentuam Amaral e Barbosa e Enne, a classificação como "sensacionalista" (não como "sensacional", é importante frisar) indicia demarcações de gosto e hierarquias de classe. A associação de narrativas e produtos jornalísticos populares ao sensacionalismo parece óbvia, como se "as massas" só pudessem consumir e se interessar por produções apelativas, de gosto duvidoso. Há algo de degradado e degradante no uso do rótulo. Por que a expressividade da/o âncora do telejornal popular é considerada "excessiva" e não a da/o âncora dos canais de notícia? A passagem das sensações para o sensacionalismo parece estar inevitavelmente na dependência de um parâmetro mais ou menos explícito que toma as performances de uns/umas como corretas e outras como risíveis ou exageradas. Didaticamente, pensar na direção contrária poderia trazer algumas revelações interessantes: se o "bom" jornalismo for o dos produtos e programas populares, aquele praticado pelos "jornalões" seria visto como excludente (de fato o são, pois não dialogam com grandes setores sociais), tedioso e/ou difícil.

A categorização de algo como "sensacionalista", ao promover sua exclusão como uma "boa" prática jornalística, acaba por impedir que se apreendam os processos, as historicidades e os modos de ser típicos de narrativas e produtos informativos. Afinal, o jornalismo popular, destinado às "grandes massas", é a base do jornalismo de notícias que se consolida no século XX. Nos Estados Unidos, na virada do século XIX para o XX, por exemplo, as mídias informativas de maior circulação eram as chamadas *penny press*, que não só instituíram rotinas de produção importantes até hoje como capilarizaram o consumo de jornais em cidades como Nova York. Se tais jornais eram de baixo preço e muito acessíveis, outros, voltados a outros segmentos sociais, de maior escolaridade e poder aquisitivo, afirmavam-se no prestígio e na qualidade de suas informações, o que inclusive justificava seu preço mais alto. O jornalismo popular, nessa perspectiva, não é um acidente ou um produto menor, mas está no coração da instituição jornalística ocidental.

Se é necessário tomar cuidado com a classificação de "sensacionalista", não se pode esquecer, porém, dos aspectos ético-normativos abarcados pelo termo. O ponto de partida, nesse aspecto, são, novamente, os princípios realistas que fundam a instituição jornalística, que afirmam a objetividade, a verificação e o compromisso com os fatos e a verdade. Esses valores se materializam nas narrativas e no comportamento de jornalistas, nas diferentes funções que exercem. O sensacionalismo, aqui, indicaria o desrespeito a esses valores e a adoção de práticas indesejáveis nos processos de apuração, redação e edição das notícias. Diante do compromisso com "a vida como ela é", ações de produção e redação que distorcem fontes e fatos, em função de interesses diversos, inclusive comunicacionais, seriam então a ultrapassagem do limite que estabelece a diferença entre o correto e o inadequado. Nessa perspectiva, não é que o "sensacionalismo" seja uma oposição ao realismo: é, sim, uma categoria que só pode existir em relação à ideologia estética do realismo e sua hegemonia na instituição jornalística.

A visada ético-normativa em torno do "sensacionalismo" como a degradação dos parâmetros realistas pode ser vista em Angrimani, quando ele tenta caracterizar o que seria o uso indesejado dos recursos de linguagem. "Sensacionalismo é a produção de noticiário que extrapola o real, que superdimensiona o fato", diz ele (1994, p. 16). Essa "extrapolação", esse "superdimensionamento" passa por um uso "artificial" da linguagem, que visaria antes produzir impacto, "escândalo", efeito em quem consome a narrativa, para além do que os fatos pedem. Ao tornar a notícia "espalhafatosa", rompe-se o compromisso da notícia com a realidade, e o texto jornalístico, nos termos de Angrimani, torna-se "um exercício ficcional" (1994, p. 13). Novamente, cabe perguntar qual é exatamente o limite que demarcaria uso de estratégias narrativas "naturais" daqueles "artificiais"; quando se sai do "real" para o "ficcional".

A errância do "sensacionalismo" se articula assim às contradições inerentes à edificação realista do jornalismo ocidental. Se, como diz Muhlmann (2008), essa instituição moderna abre mão de "rigor epistemológico" em favor de relações pragmáticas, da proximidade e aceitação por parte de seus/suas interlocutores/as, os termos com os quais se vê e que toma para si serão necessariamente errantes, flutuantes. Nesse sentido, a oposição entre "realismo", "melodrama" e "sensacionalismo" não se sustenta. Do mesmo modo que nos deparamos com narrativas realistas melodramáticas, temos contato também com histórias "realistas-melodramáticas-sensacionalistas". O melodrama e o sensacionalismo em princípio compartilham o gosto pelo "excesso" e pelas emoções, mas esses recursos são também encontrados em narrativas que não se posicionam à distância ou à margem do realismo. Uma vez que o realismo, o melodrama e o sensacionalismo têm raízes históricas e estatutos distintos, abrangendo relações peculiares dos produtos culturais e de suas narrativas, os cruzamentos e combinações entre essas tradições estéticas são não apenas possíveis como, talvez, inevitáveis.

4

ÉTICAS NARRATIVAS

O termo "ética" tem um uso recorrente e popular. Reclama-se da falta de ética desta ou daquela pessoa; afirma-se a importância de agir com ética; discute-se as questões ou aspectos éticos de uma dada situação. Esses diferentes usos demonstram a flutuação dos sentidos dessa palavra, ora usada como sinônimo de moral, ora tomada como um entendimento que põe determinados valores em perspectiva. Na Comunicação, a ética é pensada, falada e abordada muitas vezes como deontologia, ou seja, como o conjunto de valores e comportamentos que parametrizam uma determinada atividade profissional. Há códigos de ética para jornalistas profissionais e para relações públicas, por exemplo.

Há, no entanto, uma dimensão ética, raramente discutida, que se materializa nos modos como a história é contada. Ela não diz respeito, nesse caso, nem a uma ética que se confunde com moral, nem à atenção às possíveis intenções de quem a produz ou de quem consome as histórias. É importante não a confundir, além disso, com os modos como uma narrativa organiza, em seu mundo possível, os valores morais de uma realidade social. É possível, sem dúvida, analisar qualquer narrativa sob o ponto de vista ético, seja em relação aos modos como ela configura os valores presentes numa dada realidade social, seja em seus aspectos deontológicos, quando for o caso, a partir de perspectivas culturalistas, comparativas etc. No entanto, a dimensão raramente considerada não é, a bem dizer, de uma ética *na* narrativa, e sim de uma ética *da* narrativa. Afinal, como uma ação, cada narrativa diz sobre si e se posiciona em relação aos valores que a regulam institucionalmente.

A ética que se considera aqui, portanto, alcança o próprio estatuto da narrativa como tal, sua condição de uma emergência histórica que se dá em meio a valores que regulam e demarcam suas possibilidades de existência. Um romance ficcional sem dúvida configura moralmente uma dada realidade, podendo observar suas nuances, suas contradições, suas hierarquias, entre outras possibilidades. Esse mesmo romance, por sua vez, nos diz o que entende ser *um romance*, qual o seu papel no mundo, propondo uma relação específica com as/os interlocutoras/es. Essa leitura acerca de si e do seu porquê se dá em meio à diversidade de parâmetros e ideais, não raro contraditórios, que existem numa dada realidade social e num certo momento histórico e que orientam as condições e os modos de existência das narrativas. Podemos observar, por exemplo, que uma parte significativa da produção literária ficcional brasileira do final do século XX para cá recusa dicotomias que eram bastante presentes em outros momentos históricos, como as distinções entre literatura alta e baixa, de massa e erudita, de entretenimento e artística. É o caso de algumas obras de Rubem Fonseca, Marçal Aquino e Caio Fernando Abreu, que, cada uma a seu modo, afirmam o que entendem como literatura, dialogando com outros romances e determinadas tradições estéticas. Uma canção popular ou um álbum diz tanto de uma realidade histórico-social específica quanto materializa um posicionamento específico sobre o que é, o que se espera, o que deve ser "música", "canção", "discos" etc.

A observação dessa ética depende fortemente da atenção aos "comos" da narrativa e também aos modos como ela se posiciona em meio a uma rede de interlocutoras/es que envolve outras histórias e a diferentes instâncias que contribuem para sua configuração, incluindo aí os parâmetros da modalidade textual que toma para si e dos gêneros com os quais dialoga. É através desses "comos" e "modos" que se pode alcançar os "porquês" de uma narrativa como tal e os valores e posições que corporifica. Algumas narrativas, aliás, se dedicam particularmente a isso, chamando para si, explicitamente, a reflexão, por exemplo, sobre o que é ser "literatura", "poesia" e "romance", como é o caso das obras estudadas pela crítica brasileira Leyla Perrone-Moisés (1998).

Abordar as éticas narrativas envolve uma reflexão delicada, que se move em meio às tensões que perpassam cada história como um agir no mundo. No caso das narrativas do jornalismo, elas se articulam a modos de ser e agir que dizem respeito à instituição jornalística, em suas contradições, valores e metáforas reguladoras. Cada história nos diz que concepção de jornalismo materializa e como lida com os princípios realistas, os imaginários melodramáticos, as sensações e as/os interlocutoras/es, por exemplo. Sendo única, uma história, por mais formulaica ou aparentemente banal, materializa uma ética vinculada à sua existência como *uma* narrativa jornalística. Nesse sentido, o compromisso fundamental da instituição jornalística em narrar a vida "tal como ela é", mantendo as contradições da ideologia estética do realismo, fornece os parâmetros e valores gerais que organizam as narrativas jornalísticas e as experiências a elas articuladas. As éticas narrativas das produções jornalísticas estão imbricadas com o fundamento realista e o objetivo de levar os acontecimentos para um público específico, pressupondo a capacidade da instituição e de seus representantes de ter acesso legítimo ao que sucede numa dada realidade.

Nessa perspectiva, ao menos dois caminhos possíveis se abrem para as reflexões sobre as éticas narrativas de cada história que mídias jornalísticas nos contam: como ela configura as relações testemunhais, das quais depende intrinsecamente; e como lida com a heterogeneidade social. É porque se propõem a testemunhar a vida social que mídias informativas e jornalísticas podem produzir os relatos que fazem dos/as interlocutores/as também testemunhas. Ao mesmo tempo, ao afirmar-se na ideia de um "comum" e em função dos compromissos realistas que o regem, esse jornalismo se vê desafiado a lidar com a heterogeneidade de atores e vozes que se apresentam no seu cotidiano de referência. Apreender como uma dada narrativa vê a si mesma e como configura, para si e em si, os valores que norteiam a instituição jornalística envolve, então, investigar, ao menos, suas posições quanto às dinâmicas testemunhais e ao seu aparente compromisso com a polifonia social.

É importante observar, então, que as complexidades que envolvem o testemunho, como apontado em Leal e Antunes (2015), entre outros, impõem ao jornalismo um problema irresolvido e permanentemente em aberto. Já a relação com a heterogeneidade social, possível de ser compreendida pela noção de polifonia, cunhada por Bakhtin, explicita as incongruências que envolvem as relações entre jornalistas e interlocutores. Testemunho e polifonia fazem-nos ver, em complemento aos que envolvem suas dimensões estéticas, outros aspectos das contradições que perpassam a experiência histórica do jornalismo de notícias e suas narrativas. Permitem-nos alcançar como cada narrativa entende o que seja a realidade e como materializa, nos modos como é construída, uma imagem acerca do que ela é, posicionando-se nesse feixe de valores, diálogos e contradições que fazem do jornalismo uma experiência histórico-social peculiar.

4.1 Testemunhar

O testemunho tem parte significativa de sua fortuna crítica ligada aos estudos de Direito e da História. Nesse último caso, articula-se às reflexões sobre a narrativização do passado, em complemento e/ou contraposição com o arquivo e as provas documentais. Há também uma considerável produção que apreende o testemunho a partir de experiências traumáticas, como os campos de concentração na Segunda Guerra Mundial e as ditaduras civis-militares da América Latina dos anos 1960-1980. A atenção ao testemunho mediático e jornalístico, por sua vez, ganha força a partir dos anos 2000 e demarca algumas distinções em relação aos modos de entendimento e abordagem desses outros campos.

Etimologicamente, como observam, entre outros, o linguista francês Émile Benveniste (1991), o pesquisador brasileiro Márcio Seligmann-Silva (2010) e filósofo italiano Giorgio Agamben (2008), "testemunho" tem duas raízes latinas, *terstis* e *superstes*. O primeiro termo designa a pessoa ou entidade que era chamada, como um "terceiro", para atestar a verdade em disputa por dois oponentes. Vinculado às práticas jurídicas do Império Romano, esse "terceiro" explicita o vínculo entre a testemunha e o estabelecimento legal da verdade. O segundo termo, por sua vez, abrange um conjunto bem distinto de relações, pois diz respeito a quem vivencia e sobrevive a uma dada situação, podendo então contá-la e dizer a verdade sobre o que aconteceu. O testemunho, a partir da raiz *superstes*, costuma chamar muita atenção quando associado a experiências-limite, de proximidade da morte, como desastres e circunstâncias históricas desumanizadoras. É também muito comum no dia a dia, uma vez que chamamos a condição de "ter vivido" como forma de nos autorizarmos a falar a verdade sobre algo. É quando dizemos, às vezes literalmente: "eu sei, eu estava lá". O testemunho vinculado a *terstis*, por sua vez, é reconhecível no cotidiano toda vez que um/a de nós é chamado a falar sobre a situação de outras/os, a partir da nossa condição de observador/a. Mantendo o vínculo com a presença, é como se disséssemos: "você que viu e ouviu, conte-nos o que de fato aconteceu".

Ainda que comportando dimensões distintas, que podem ser vistas até mesmo como opostas, ambos os termos latinos contribuem para os sentidos e relações abrigadas na palavra em português, como podemos perceber. Como observa Seligmann-Silva, a identificação das raízes do testemunho não implica valorizar este ou aquele núcleo de sentido, mas, ao contrário, obriga-nos a lidar com sua complexidade, "enquanto misto entre visão, oralidade narrativa e capacidade de julgar: um elemento complementa o outro, mas eles se relacionam também de modo conflituoso" (2010, p. 5). De acordo com Agamben, o testemunho mantém relações ainda com outro termo latino, *auctor*. Raiz da palavra "autor", o termo permite alcançar o caráter de construção textual e narrativa do testemunho. Este só existe como construção de linguagem, às vezes em conflito com ela. O testemunho mantém com a narrativa relações peculiares e íntimas, portanto. É a narrativa que materializa o testemunho, dá forma a ele e faz que ele se apresente a outras pessoas, que podem validá-lo ou não. Seja em meio a um processo jurídico ou no relato de uma situação traumática, é a narrativa, como observa Ricoeur (2007), que torna possível o testemunho e que incorpora nela mesma suas contradições.

Afinal, se é um exercício de linguagem, uma história que se conta, o testemunho, especialmente aqueles vinculados a situações ou acontecimentos traumáticos, tem que lidar com as regras que estabelecem o que e como se pode falar sobre algo. Com isso, a narrativa testemunhal não raro fricciona-se com os limites do que é possível dizer e também com o indizível. O jogo no e com os limites da linguagem tensiona inevitavelmente o testemunho e torna mais complexa a posição de quem o realiza. "Testemunho" e "testemunha" são, assim, inseparáveis: aquele só existe porque alguém, um corpo, um indivíduo, se apresenta como capaz, mesmo com precariedade, de oferecê-lo. Tanto o *terstis* quanto o *superstes*, ao tomarem a fala (e, portanto, assumirem a função de *auctor*), partem de uma asserção de realidade incontornável: apresentar-se como testemunha é dizer "eu estava lá". Como observa Ricoeur (2007), a essa primeira frase segue uma outra, também ela decisiva para a pragmática do testemunho: "acreditem em mim". Não é por acaso então que Agamben observa, nos relatos de sobreviventes de campos de concentração, uma contradição angustiante: quem não morreu nesses lugares é uma testemunha imperfeita, pois em seu corpo, em sua vida, o dispositivo de extermínio não se efetivou plenamente. Quem sobrevive mantém, portanto, um compromisso ético com quem morreu, falando por elas/es, uma vez que a testemunha plena dessas tecnologias políticas de morte não está mais entre nós.

O testemunho, como se vê, mantém tanto uma delicada e decisiva relação com a verdade quanto uma dimensão ética que amplia as tensões que o constituem desde suas raízes latinas. Todo e qualquer testemunho produz, propõe, uma verdade. Esta, porém, é sempre parcial, pois se vincula à experiência da testemunha e à sua compreensão limitada do que ocorreu. A verdade testemunhal é acessível às/os demais via narrativa e é preciso ser chancelada. A verdade testemunhal não é, jamais, nem absoluta, nem imparcial. Menos que uma característica exclusiva do testemunho, essa "precariedade" explicita a indissociabilidade entre verdade e confiança, presente em qualquer situação ou instituição social. Ao se constituir então como um processo comunicacional em torno da verdade de algo, o testemunho implica compromissos éticos tanto de quem testemunha (em relação aos acontecimentos narrados e para quem se conta) quanto daquelas/es que o escutam/veem/leem.

Quando nos aproximamos do jornalismo, podemos observar que seus princípios realistas estão fortemente associados ao testemunho. Como instituição social, jornalismo se apresenta como um "produtor" ou "mediador" de testemunhos, pois se propõe a testemunhar o que acontece no cotidiano e narrar esses eventos e situações, tal como sucederam, às/os consumidoras/es. A figura emblemática da/o repórter, talvez a personificação mais reconhecida da instituição jornalística, é inextricavelmente testemunhal: *to report* é dar notícia de algo que alguém fez, ouviu, observou ou investigou. Nesse sentido, as duas raízes latinas da palavra "testemunho" demarcam posições da/o repórter em relação aos acontecimentos: ela/e pode "estar perto", ver e/ou ouvir "de perto" o que acontece; ou ainda "fazer parte", ver e/ou ouvir "de dentro", vivenciando, portanto, uma dada situação. Numa guerra, a/o jornalista pode ficar próximo das trincheiras, em acampamentos ou quartéis-generais, acompanhando de perto o desenrolar do conflito; ou pode se integrar às tropas, exercendo alguma função – como é o caso de importantes fotojornalistas –, e nos mostrando, então, de dentro, o dia a dia dos combates. A "função social" do jornalista de notícias, de contar a vida "tal como ela é", depende e pressupõe a construção de uma posição de testemunha para si e para as/os interlocutoras/es. É bastante emblemático, nesse sentido, o *slogan* do antigo *Repórter Esso*, que se apresentava como "testemunha ocular da História"

No entanto, se o testemunho é perpassado por contradições, estas parecem se ampliar quando associadas ao jornalismo. Afinal, ao se apresentarem como testemunhas, instituição jornalística, mídia informativa e narrativa noticiosa pedem que "acreditem em mim", mas nem sempre assumem que a verdade que apresentam é precária e parcial. A afirmação de ideais de objetividade, equilíbrio e imparcialidade, com os quais a instituição jornalística e alguns de seus agentes querem se legitimar, conflita com a qualidade testemunhal da verdade que fazem circular. No testemunho, os relatos não são nem objetivos, nem imparciais, nem equilibrados por ouvir os diferentes lados. Sua força e a potência da verdade que apresenta advêm do *estar lá*, perto ou dentro dos acontecimentos. Quando consideramos o caráter testemunhal de mídias informativas e suas narrativas, somos (ou deveríamos ser) levados a perguntar, por exemplo, como se estivéssemos diante de uma testemunha num julgamento, "quem é você?", "como ficou sabendo o que aconteceu?", "quais as suas relações com as/os envolvidas/os?".

Tais perguntas expõem os lugares sociais, os compromissos e valores assumidos por cada mídia informativa, entre si e em relação às demais instituições e realidades cotidianas. Nem sempre essas interrogações são bem-recebidas ou estimuladas pelas mídias informativas, que, em alguns casos, elaboram discursos para impedir que tais questões incômodas emerjam. No âmbito das narrativas, essas posições podem ser mais ou menos explícitas, conforme sua qualidade e construção. Muitas reportagens se desenvolvem deixando nítidas as caracterizações do/a repórter e do/a narrador/a da história, por exemplo, em relação aos acontecimentos e situações. Em várias notícias, a própria interpretação inicial, o quadro geral que norteia o tratamento da informação e que dá sentido ao acontecimento, expõe posicionamentos. Os modos, as personagens, as "fontes" e as/os interlocutoras/es que são mobilizadas/os e conformadas/os na história informam como ela entende ser seu papel e seu lugar na realidade de referência.

Em todos os casos, como "testemunhas", a instituição jornalística, suas mídias e narrativas necessitam da confiança de suas/seus interlocutoras/es. Para tal, desenvolvem estratégias narrativas e discursivas que visam convencer não só a respeito da confiabilidade de uma dada matéria como da legitimidade testemunhal da própria instituição jornalística. Sob a perspectiva do testemunho, instituição, mídias e narrativas jornalísticas têm nitidamente um caráter persuasivo, vital para a promoção da sua credibilidade. Nesse sentido, seu diálogo com diferentes tradições estéticas, como visto anteriormente, materializa a sua constante busca por caminhos narrativos que reforcem e atualizem os vínculos com as/os interlocutoras/es.

Outro aspecto importante na consideração das relações entre a instituição jornalística e seus agentes diz respeito à promoção das condições para que um testemunho se estabeleça. Numa disputa entre duas verdades, um "terceiro", humano ou divino, é convocado, por sua autoridade, para estabelecer o que deve ser considerado. A sobrevivência não é uma escolha, mas o resultado de circunstâncias diversas, que escapam ao controle de quem se vê parte de um acontecimento ou situação. Em ambos os casos, há um "estar presente" que em momento algum pode ser considerado como fabricado ou artificial. Esse já não é o caso, porém, da presença das mídias informativas e de repórteres, que estão "ali", oferecidamente, em razão da necessidade de produzir notícias. A leitura que apresentam dos acontecimentos atende às necessidades do empreendimento jornalístico, estabelecidas de antemão à própria presença. Ver de perto ou de dentro, como jornalista, não é o mesmo que oferecer um testemunho a partir da relação vital com o que ocorre. A instituição jornalística impõe e determina *a priori* tanto o que será "testemunhado" quanto como isso se dará, incluindo-se aí as fórmulas e estratégias narrativas.

Isso quando efetivamente há um/a repórter na cena dos acontecimentos. Parte significativa das notícias e mesmo reportagens não se dá a partir da experiência de um/a repórter, representante de uma dada mídia jornalística, num determinado local, numa cena de acontecimentos. "Estar lá" não é condição primordial para o estatuto testemunhal de mídias informativas e narrativas jornalísticas, que estão imersas em malhas de mediação diversas. Fazem parte dessas mediações diferentes atores, como agências de notícias, e estratégias, como a busca por fontes documentais ou por depoimentos e experiências que confirmem a pauta proposta. É inteiramente possível, para não dizer usual, que uma dada mídia informativa só ofereça narrativas produzidas inteiramente por jornalistas que jamais deixaram a redação ou suas casas no processo de construção das histórias. Mesmo assim, elas ainda terão características ou elementos aparentemente testemunhais em sua conformação.

Na cadeia de produção noticiosa, cabe aos agentes jornalísticos tomar algo como "fonte", reconhecendo nesse/a interlocutor/a uma autoridade para falar sobre algo. Quando convoca alguém para falar sobre certo evento, a/o jornalista dá a essa pessoa o papel de testemunha, necessário para que ela se torne uma "fonte" confiável e legítima a serviço da instituição jornalística. Ninguém é, de antemão, uma "fonte", a menos que se proponha a sê-lo a partir do contato com concepções e modos de fazer da instituição jornalística. Nesse sentido, a verificação da adequação ou não de determinada pessoa a essa função testemunhal é, ou deveria ser, parte do compromisso do agente jornalístico. Afinal, é através desse/a interlocutor/a que repórteres e produtoras/es se tornam também testemunhas e se legitimam para contar a história às/aos demais. Há, como se vê, uma espécie de cadeia testemunhal, que não necessita, porém, de alguém que seja autenticamente testemunha: basta ser tomada/o como tal pela produção jornalística.

Nessa perspectiva, a própria associação entre jornalismo e testemunho seria não apenas problemática, como inviável, como aponta, por exemplo, o pesquisador estadunidense John Peters (2011). Não só alguns dos valores que buscam legitimar o primado realista da instituição jornalística como os modos através dos quais o testemunho é construído por ela parecem apontar para uma contradição irresolvível. No entanto, não se pode recusar que a associação entre jornalismo e testemunho tanto existe como conforma relações e narrativas. Ao invés da recusa *in totum*, diferentes trabalhos optam por qualificar as relações testemunhais do jornalismo e outros processos mediáticos, de modo a distingui-las daquelas consideradas no Direito e na História. O pesquisador inglês John Ellis (2011) usa "testemunho mundano", por exemplo, para estabelecer essa distinção.

No entanto, como apontado em Leal e Antunes (2015), a expressão "testemunho midiático" parece ser suficiente para apreender as transformações históricas que configuram as experiências das realidades sociais *das*, *através* e *nas* narrativas produzidas pelo jornalismo e outros processos mediáticos. Entre essas transformações, estão mudanças tecnológicas nos modos como os relatos são produzidos e circulam, como se relacionam com os acontecimentos e com as/os interlocutoras/es. A adoção de uma expressão que particulariza o que seria o testemunho nos processos mediáticos não tem certamente o propósito de resolver ou pacificar tensões ou contradições. Na direção contrária, parece-nos que ela é extremamente útil para permitir ver essas incongruências com mais refinamento e complexidade.

Ao tomarmos a expressão "testemunho midiático", preservamos as aporias que perpassam as relações e os processos testemunhais (como os compromissos éticos e o estatuto da verdade testemunhal), ao passo que podemos alcançar aspectos específicos das dinâmicas e produtos de diferentes mídias. O jornalismo não é certamente o único processo mediático que mantém um vínculo umbilical com o testemunho. Diferentes narrativas, de distintas qualidades, que circulam em mídias impressas, rádio, na tv, plataformas e serviços de internet trazem qualidades testemunhais, muitas deles articuladas à chamada cultura de celebridades. Em muitas dessas histórias, não está em questão se, de fato, trata-se ou não de um testemunho, e sim aparentar uma qualidade testemunhal de modo a garantir a autenticidade dos relatos e a identificação de quem os vê/ouve/lê.

Em diferentes narrativas mediáticas é possível identificar o que chamamos, em Leal e Lage (2016), de uma "retórica testemunhal", ou seja, estratégias narrativas que visam introduzir características de testemunho nas histórias contadas. Uma delas tem a ver com a construção de personagens que, como visto anteriormente, se apresentam no mundo possível das histórias como representantes de um grupo ou setor social, falando em nome desse coletivo. Ao contar, por exemplo, um conflito entre mães e uma escola, a narrativa trará a fala de uma senhora, progenitora, que dará seu depoimento sobre o que está em disputa. É o agente jornalístico que a convoca para aparecer, na narrativa, para testemunhar o que pensam e reivindicam as mães, representando-as, não importando se essa senhora efetivamente se vê ou é vista pelas outras pessoas como sua representante. Numa reportagem sobre uma situação cotidiana, como engarrafamentos, filas ou problemas infraestruturais de uma cidade, há sempre alguém que surge na narrativa para "dar seu depoimento", sendo posta/o na condição de testemunha pela ação jornalística, que precisa dessa fala para autenticar a realidade que narra e a verdade que entende ser a do acontecimento ou situação.

Em programas das tvs aberta ou fechada, em canais de YouTube, plataformas e serviços de *streaming*, é muito comum o recurso ao que, em telejornalismo, se chama de "passagem", ou seja, a fala de uma pessoa (repórter, no caso), num determinado local, trazendo informações sobre algo que ocorreu (Leal; Valle, 2009). Num programa de viagens, o/a apresentador/a surge diante das ruínas de uma cidade antiga e conta parte de sua história; num telejornal, as notícias sobre política são recuperadas pela/o repórter num dos salões do Congresso ou tendo ele ou o Palácio do Planalto ao fundo; num canal do YouTube, vemos alguém num consultório médico falando sobre este ou aquele tratamento. Em todos os casos, as imagens fazem ver um "estar presente" na cena dos acontecimentos, que indica que quem fala pode fazê-lo por ser uma testemunha dos fatos. Não importa, nesses exemplos, se o que é falado advém de um roteiro elaborado anteriormente, que pode ter sido produzido por outras pessoas. Da mesma forma, o que é narrado não precisa dizer exatamente sobre aquele mostrado. Muitos dos cenários que surgem nessas narrativas têm uma relação metonímica, quando não metafórica, com um espaço ou realidade específica: o Congresso como parte da política institucional; a ruína como um fragmento da cidade visitada; o consultório materializando o saber e os espaços médicos. Esse recurso é, sem dúvida, importante para a economia narrativa desses produtos, mas, do ponto de vista testemunhal, ele é um artifício que visa aparentar o "estar ali" e gerar confiabilidade à história que é contada.

Essa retórica testemunhal, que pode usar de outras estratégias, como as narrativas em primeira pessoa, amplia os desafios de credibilidade das narrativas jornalísticas na mesma proporção que se constitui como um conjunto de convenções que visam persuadir quem as lê/vê/ouve. Esses artifícios são especialmente problemáticos quando consideramos uma dimensão específica do testemunho mediático: a "espectatorialidade" – para retomar o termo usado em Leal e Antunes (2015) e Leal, Antunes e Carvalho (2020) – e suas implicações éticas. Os vários produtos e processos mediáticos nos trazem, dia a dia, informações diversas sobre os mais diferentes temas, situações e acontecimentos. Alguns têm claramente o caráter de entretenimento, enquanto outros nos revelam problemas e dramas sociais que, mesmo que ocorridos em lugares distantes e com pessoas desconhecidas, nos demandam um posicionamento. Diante da notícia sobre desabrigados numa região do Brasil, de narrativas de casos de violência contra a mulher, de situações de LGBTfobia e/ou racismo ou desta ou daquela ação inadequada de um agente público, não há lugar neutro. A comoção, a revolta, a indignação, a desqualificação, a concordância ou a indiferença são respostas possíveis perante o que nos é narrado. Cada uma dessas repostas marca um posicionamento ético e ideológico perante o que acontece "no meu mundo", uma vez que essas histórias passam a compor a "minha realidade" no momento em que entro em contato com elas. Como diz John Ellis, "eu" não posso mais dizer que "não sei".

Quando alguém lê um livro com o relato de um sobrevivente de um campo de concentração ou quando assiste ou escuta a fala dolorosa de uma mulher vitimizada pela violência de gênero, por exemplo, é posta/o imediatamente na condição de testemunha da história dessas outras pessoas. O testemunho constitui um circuito comunicacional em que verdades e compromissos éticos são reiterados e difundidos. "Não posso mais dizer que não sei" é uma formulação possível para conformar a condição de testemunha que passa a ter quem se vê diante do testemunho de outras/os. Aliás, é exatamente a renovação desses vínculos éticos que justificam muito da produção de narrativas de sobreviventes de campos de concentração, de situações de violência cotidianas, da repressão de ditaduras, por exemplo. A obrigação de contar o dia a dia em Auschwitz ou sobre a tortura nos porões do DOI-CODI brasileiro é imposta a quem sobreviveu a essas situações tanto pelo seu compromisso com quem ali morreu quanto com quem toma conhecimento do ocorrido. Através dessas histórias, nos tornamos testemunhas de momentos e acontecimentos terríveis e qualquer atitude perante o que passamos a saber é um posicionamento ético, mesmo que optemos por esquecê-las ou não fazer nada.

Em todo e qualquer testemunho há uma dimensão moral, que contribui para a construção dos acontecimentos narrados, e que é exposta na narrativa. O posicionamento ético advém precisamente da reflexão acerca da construção moral da narrativa testemunhal em relação às percepções e valores adotados por quem a ela é exposta. No caso das narrativas jornalísticas, muitos se perguntam, como é o caso do pesquisador brasileiro Leandro Lage (2018), se a convocação de testemunhas e a adoção de retóricas testemunhais efetivamente contribuem para o debate ético-social ou se apresentam como uma espécie de esvaziamento do testemunho, reduzido a um recurso de autenticação do "mundo segundo o jornalismo" e nada mais que isso.

Pensando em termos do que chamamos antes de "ética narrativa", importa saber então como cada história contada pelo jornalismo e outros processos mediáticos incorpora essas dinâmicas testemunhais. A reflexão ética implica, portanto, considerar o que é o testemunho *em* e *para* cada história. A escolha por simular o testemunho, por adotar estratégias retóricas que aparentam ou espelham relações testemunhais ou, numa outra direção, por enfrentar, a seu modo, as contradições e limites do testemunho mediático nos diz sobre como cada narrativa incorpora em si mesma posicionamentos acerca de valores que perpassam a instituição jornalística e sobre como materializa relações com a realidade social e as/os interlocutoras/es. Não há uma regra que defina qual o "modo certo" ou "errado" nesse posicionar-se: as dinâmicas testemunhais, em suas complexidades e imbricamentos com o jornalismo de notícias, escapam aos protocolos e ditames deontológicos. Elas não podem ser simplesmente resolvidas, permanecendo então como incômodo ao qual cada história configura uma imagem possível e reveladora de si.

4.2 Polifonias

A polifonia, traduzida também por "plurilinguismo", é um dos conceitos mais difundidos da obra do pensador russo

Mikhail Bakhtin. Para ele, a linguagem, sendo um fenômeno social, inscreve-se na experiência histórica de diferentes atores e grupos sociais. Com isso, cada ação na linguagem, cada enunciado, cada texto, não é um "todo em si", e sim a materialização de diferentes interações sincrônicas e diacrônicas. Um dado enunciado só é possível a partir de outros enunciados e como parte das relações que gerarão outras ações na linguagem. Esse é o princípio dialógico que fundamenta a compreensão de linguagem bakhtiniana e ao qual a polifonia se vincula. Ainda que a palavra "dialógico" remeta a "diálogo", é importante observar a amplitude de sentidos que o pensador russo dá ao termo: não se trata apenas de um texto dialogando com outros, mas de uma rede de interações e interlocuções permeados por diferentes temporalidades e espacialidades. Nesse sentido, a própria noção de "textualidade" (Val, 2016; Leal, 2017, 2018, entre outros) só é possível a partir da atenção às implicações do princípio dialógico bakhtiniano.

Bakhtin desenvolve o conceito de polifonia em seus estudos literários, tendo como referências principais os romances humorísticos ingleses, a obra de Rabelais e em especial as narrativas de Dostoiévski. Constituindo-se como um desdobramento, uma face específica do princípio dialógico, o plurilinguismo pressupõe a existência de falas sociais, chamadas por Bakhtin de "vozes" ou "línguas", vinculadas a atividades, grupos e/ou realidades específicas. Longe da "linguagem comum normativa", ou em meio a ela, é possível reconhecer "perspectivas ideológico--verbais multiformes" (diríamos hoje, "ideológico-semióticos"), de, como observa Bakhtin,

> [...] gêneros, de profissões, de grupos sociais (a linguagem do nobre, do fazendeiro, do comerciante, do cam-

ponês) – linguagens orientadas e familiares (a linguagem do mexerico, da tagarelice mundana, a linguagem dos servos) (1988, p. 116).

Como fenômeno social, as linguagens existem conformadas por gêneros e modos textuais e articuladas às diferenças sociais. Da mesma forma que há uma "linguagem da fofoca", que estabelece conteúdos, modos de construção narrativa e de organização da interação, há também uma "fotografia de encontro de amigos" e a "música para dançar". É possível escrever um texto usando o jargão médico, incorporando regionalismos ou modos de dizer de setores sociais específicos. O plurilinguismo diz respeito então às diversas práticas sociais, à variedade de modos de ser e existir historicamente situados e que se inscrevem nas diferentes linguagens. Nesse sentido, chama a atenção, na definição bakhtiniana, o aspecto ideológico dessas diferentes "línguas". O "economês" ou a "linguagem publicitária" não são apenas "formas semióticas", e sim modos de ver o mundo, com valores e entendimentos específicos. A noção de "voz", outra metáfora do pensador russo, não remete então a uma fala individual. Ao contrário, pressupõe que qualquer manifestação individual traz as marcas dos lugares sociais que tornam cada um/a de nós uma personagem histórico-social. Quando "eu" falo, "nós" falamos, ou seja, manifestam-se na expressão individual as pertenças sociais e ideológicas de cada pessoa.

Nessa perspectiva, ainda que Bakhtin refira-se à "linguagem dos servos", numa referência às sociedades europeias do século XIX, hoje em dia a polifonia e o princípio dialógico servem como contraponto aos endurecimentos e às simplificações identitárias. No curso da vida de uma pessoa, ela pode pertencer (por origem social, por adesão ou cooptação ideológica, por circunstâncias e escolhas afetivas e/ou profissionais, entre outros) a diferentes lugares sociais. Como vimos, no cotidiano, transitamos por diferentes realidades e construímos nossos pertencimentos em algumas delas. Tais pertencimentos podem ser inclusive contraditórios entre si e contribuírem, de algum modo, para as construções identitárias de cada um/a. Cada pessoa traz em si diferentes identidades em permanente (re)construção, tanto em função de sua trajetória quanto das configurações do seu presente e das suas expectativas e aspirações em relação ao futuro. Isso não é dizer, como foi recorrente em alguns momentos e ambientes sociais, que uma pessoa pode "trocar de identidade como muda de camisa". Identidades não são escolhas e envolvem relações complexas e multidimensionais. Vivemos *em*, *com*, *através* e *por* nossas identidades e muitas/os de nós podemos morrer em função delas.

No cotidiano, nos deparamos muitas vezes com situações em que uma pessoa expressa visões de mundo contraditórias, não raro sem se dar conta disso. Algumas vezes, isso se manifesta no uso de termos carregados ideologicamente, para além da intenção de quem o usa ou da naturalização de alguns de seus sentidos. Assim, por exemplo, expressões como "judiar" ou "denegrir" não significam simplesmente "maltratar" ou "difamar" uma pessoa. Ambas são expressões racistas, uma por associar o maltrato a uma qualidade intrínseca de quem é judeu e outra ao entender que "tornar negro" é agir contra a boa imagem de alguém. Do ponto de vista ideológico, como observamos antes, não há imparcialidade ou neutralidade na linguagem. Quando cada um/a age na linguagem revela, querendo ou não, às vezes concordando ou não, os lugares sociais que a/o formam e aos quais pertence. Uma pessoa, por mais que recuse os racismos, pode expressá-los na utilização incauta de termos como "judiar", "denegrir" e outros. Se quando "eu" falo "nós" falamos, isso implica um aprendizado constante tanto sobre "como" quanto "com quem" nos expressamos.

As relações entre narrativas jornalísticas e mediáticas e a polifonia têm merecido a atenção de pesquisadoras/es de diferentes áreas acadêmicas, como a Linguística, os estudos em Comunicação e a Psicologia Social. Nas narrativas jornalísticas e mediáticas, a relação com a heterogeneidade social não se resume obviamente à linguagem verbal. Desenhos, formas visuais, imagens fixas ou em movimento, sons ambientes, trilhas sonoras, modos de locução e pronúncia das palavras e outros recursos complexificam e ampliam as relações dialógicas das narrativas jornalísticas e mediáticas. Nos anos 2000, alguns jornais brasileiros, como o *Extra*, do Rio de Janeiro, foram premiados por capas que traziam composições verbo-visuais provocadoras, nas quais a palavra tinha caráter secundário em relação a desenhos e/ou fotografias. Sendo necessariamente multimodais, as narrativas jornalísticas configuram suas relações dialógicas de modo distinto aos dos romances estudados por Bakhtin, cujo pensamento se concentrou, como esperado, nas construções verbais de narrativas de Dickens, Sterne e Dostoiévski, entre outras. Em todos os casos, como apontado em Leal e Carvalho (2015), é importante recusar entendimentos que pacificam de diferentes modos o que pode ser visto como tensão. Não é porque "ouve diferentes fontes" ou porque é parte de uma cadeia produtiva complexa que uma narrativa jornalística é de antemão polifônica. Sendo sempre dialógica, ela não será plurilíngue apenas por derivação simples.

Do ponto de vista das éticas narrativas, a presença ou não da polifonia numa história apresentada por uma mídia jornalística diz respeito a uma atitude ante à heterogeneidade social. A polifonia pressupõe a diversidade de vozes, de visões de mundo, nas realidades cotidianas. Podemos perguntar então se uma narrativa qualquer incorpora ou não essa heterogeneidade e, ainda, como se posiciona em relação a ela. Esse inquirir nos leva a mais que uma simples classificação (se uma narrativa é ou não polifônica), pois permite explicitar a visão sobre a heterogeneidade social incorporada na notícia ou na reportagem, por exemplo. Alguém poderia supor, considerando o princípio realista e o caráter testemunhal que fundamentam a instituição jornalística, assim como a convocação de testemunhas nas narrativas, que a polifonia seria não só constante como um princípio cultivado com cuidado por ambas (instituição e narrativas jornalísticas). Se a função do jornalismo é trazer a "vida como ela é", testemunhando-a, seria óbvio que a heterogeneidade social fosse visível em cada mundo possível configurado pelas histórias contadas pelo jornalismo.

No entanto, mídias e narrativas jornalísticas podem materializar visões de mundo pouco ou nada democráticas, expressando autoritariamente, ao contrário, entendimentos específicos sobre pessoas e acontecimentos. Nessa perspectiva, a aproximação entre narrativas jornalísticas e polifonia nos leva a indagar "com quem fala" uma dada história e a mídia que a conta. Os "eus" que fazem a instituição jornalística (as mídias, as narrativas e demais agentes) dialogam, pertencem, a quais "nós"? Os ideais de objetividade e imparcialidade, se não perdem totalmente a validade, revelam-se como parâmetros abstratos, à distância da experiência concreta de cada história. Afinal, da mesma forma que não há linguagem que não seja ideológica, que não é possível um testemunho "imparcial" ou "objetivo", não se conta nenhuma história de um "lugar vazio", desenraizado de realidades sociais e visões de mundo.

Cada narrativa jornalística fala de situações, acontecimentos e pessoas particulares. Não se pode certamente reivindicar que ela dê conta de uma suposta totalidade do recorte de realidade que apreende, pois nenhuma narrativa ou modo de saber o fará. É possível, no entanto, verificar como se apresenta a heterogeneidade social na história que é contada. Nesse sentido, diferentes pesquisas sobre o tratamento jornalístico de "campos problemáticos" do cotidiano, como a violência de gênero (Pasinatto, 2012; Leal; Antunes; Carvalho, 2020) e a homofobia (Leal; Carvalho, 2012), são bastantes reveladoras. Grande parte das notícias e reportagens sobre os casos de violência contra mulher, por exemplo, têm como fonte principal a polícia, cuja perspectiva orienta as narrativas jornalísticas. Com isso, elas organizam melodramaticamente os acontecimentos, gerando mundos possíveis que são moldados em torno de valores como inocência/culpa e habitados por heróis (em geral, a polícia), os bandidos e as boas ou más vítimas. Em muitos casos, como apontam essas pesquisas, as mulheres agredidas não são ouvidas ou, quando o são, devem responder à visão de mundo que orienta repórteres e mídias jornalísticas.

Em sua biografia de Cintura Fina, que viveu em Belo Horizonte entre os anos 1960 e 1980, o pesquisador brasileiro Luiz Morando (2020) teve como fontes principais matérias jornalísticas e inquéritos policiais. Presa em diversos momentos, por diferentes razões, Cintura Fina se tornou uma figura conhecida na cidade, sendo personagem de histórias cotidianas e de narrativas ficcionais. Na biografia, Morando deixa ver o quanto as narrativas jornalísticas tratavam Cintura Fina, travesti negra, como uma meliante, uma pessoa perigosa e desqualificada, em sintonia com os entendimentos morais, racistas e classistas da época e incorporados aos protocolos e ações policiais.

Alguns dos momentos mais ricos da narrativa biográfica de Luiz Morando se dão quando a Cintura Fina se manifesta sobre as situações e eventos nos quais se envolveu. Essas falas surgem em poucos trechos, em especial nos autos dos processos legais. Nas narrativas jornalísticas, essas falas são pouco presentes, quando não totalmente ausentes. É nesse contexto, do silenciamento de uma pessoa a partir do seu enquadramento numa visão de mundo que a aprisiona, que uma entrevista com a Cintura Fina, feita por jornalistas nos anos 1970, ganha relevância e ineditismo, conforme aponta seu biógrafo.

A relação entre polifonia e jornalismo, assim, não se reduz ou se "resolve" com a presença de diferentes personagens numa narrativa ou mesmo na reprodução de uma fala ou outra. Como observa Bakhtin, a polifonia acontece quando uma voz, uma visão de mundo, distinta daquela do narrador, se apresenta na história. Essa voz amplia o mundo possível da história, complexificando-o e fazendo com que dialogue com a heterogeneidade social, incorporada ainda que em parte à narrativa. Importa, então, que a fala das personagens presentes na narrativa materializem valores e perspectivas diferentes da visão que guia a história. Nesse sentido, não basta que a mulher vitimizada, o homem agressor ou a Cintura Fina tenham frases ou falas reproduzidas numa notícia ou reportagem. É importante que essas expressões incorporem seus lugares sociais e não estejam ali apenas para confirmar os modos como são apreendidos pelo olhar da mídia informativa e de seus interlocutores próximos.

Como no testemunho, muitas vezes a/o agente jornalística/o opta por uma aparência, por uma "retórica", que sugere diversidade para, na direção contrária, afirmar categoricamente uma única voz. É uma estratégia recorrente notícias e reportagens trazerem várias personagens, como pessoas comuns, autoridades e especialistas. A variedade de personagens concede à narrativa, nesses casos, uma impressão de representatividade e diálogo com a diversidade social. No entanto, frequentemente podemos verificar que as falas personificam uma mesma voz, aquela que orienta e dá sentido à produção e à narrativa jornalística. A presença de mais uma "pessoa que fala" nas narrativas pode servir então ao oposto da polifonia: ao invés de atenção e receptividade em relação aos lugares sociais, torna-se um artifício que visa autenticar uma única verdade, o entendimento de mundo personificado pela mídia informativa e materializado na narrativa.

Quando nos aproximamos das narrativas jornalísticas a partir da noção de polifonia, portanto, nos deparamos com um cenário em que, de um lado, temos os compromissos com a "vida tal como ela é" e com o reportar o cotidiano, e, de outro, a necessidade de comprovar e validar a leitura do mundo elaborada pelas mídias informativas. Em princípio, não haveria contradição entre esses compromissos e necessidades. Porém, em mais de um momento, é a demanda persuasiva, de legitimação do mundo possível de cada história, que se sobrepõe. Nesses casos, opta-se então por um gesto narrativo que se revela autoritário e pouco poroso ante às contradições e complexidades sociais. Eticamente, a ausência de polifonia indica uma posição impositiva, em que a narrativa, ao invés de abrir-se à heterogeneidade social, busca antes afirmar-se em meio a ela, recusando outras vozes.

Ao contrário do que frequentemente pressupõe o jornalismo, a realidade não é algo simples e aberto à ação e à experiência promovidas pela instituição jornalística. Sendo múltipla, multidimensional e perpassada por tensões, contradições, historicidades e campos problemáticos, o que é tomado como realidade está sempre em construção e em disputa. As éticas narrativas explicitam o que as/os diferentes agentes jornalísticas/os entendem ser "realidade" e como apreendem seus métodos e modos de relação com ela. Muitas narrativas e mídias jornalísticas optam por afirmar a realidade como algo decifrável e em certa medida transparente. Outras vezes, narrativas e mídias jornalísticas assumem que suas rotinas e protocolos são limitados e que a transparência da realidade é algo ou inalcançável ou mesmo uma suposição equivocada. Ora assumindo, arrogantemente, uma capacidade de dar a conhecer "a realidade comum" que considera existir; ora, com mais humildade, se colocando sob risco, cada narrativa nos diz, então, quem acha que é, qual seu papel no mundo, que mundo é esse que habitamos e qual sua atitude ante as/os interlocutoras/es. As complexidades envolvendo o testemunho e a polifonia apresentam-se como caminhos possíveis para vislumbrarmos esses entendimentos, sempre valorativos, sempre performativos, nunca neutros ou eticamente desimplicados.

REFERÊNCIAS

ABRIL, Gonzalo. A semiose alegórica dos textos verbovisuais. In: GUIMARÃES, César; LEAL, Bruno Souza; MENDONÇA, Carlos Camargos (Org.). *Entre o sensível e o comunicacional*. Belo Horizonte: Autêntica, 2010. p. 167-178.

ABRIL, Gonzalo. *Análisis crítico de textos visuales*. Madrid: Editorial Sintesis, 2007a.

ABRIL, Gonzalo. La información como formación cultural. *Cuadernos de Información y Comunicación*, v. 12, p. 59-73, 2007b.

ABRIL, Gonzalo. *Cultura visual*: de la semiótica a lo político. Madrid: Plaza y Valdés, 2014.

AGAMBEN, Giorgio. *O que é contemporâneo?* e outros ensaios. Chapecó, SC: Argos Editora, 2009.

AGAMBEN, Giorgio. *O que resta de Auschwitz*. São Paulo: Boitempo, 2008.

AGAMBEN, Giorgio. *Homo sacer*. Belo Horizonte: Ed. UFMG, 2010.

AMARAL, Márcia Franz. Sensacionalismo: um conceito errante. *Intexto*, v. 2, n. 13, p. 1-13, 2005.

ANGRIMANI SOBRINHO, Danilo. *Espreme que sai sangue*. São Paulo: Summus, 1994.

ANTUNES, Elton. Acontecimento, temporalidade e a construção do sentido de atualidade no discurso jornalístico. *Contemporânea* (Salvador), v. 6, p. 1-21, 2008.

ANTUNES, Elton. Acontecimentos violentos, ressentimento e marcas de uma interpretação. FRANÇA,Vera; OLIVEIRA, Luciana (Orgs.). *Acontecimento: reverberações*. Belo Horizonte: Autêntica, 2012. p. 269-294.

ANTUNES, Elton. Temporalidade e produção do acontecimento jornalístico. *Em Questão*. Porto Alegre: UFRGS, 2007.

ANTUNES, Elton; VAZ, Paulo B. "Mídia: um halo, um aro, um elo". FRANÇA, Vera & GUIMARÃES, César (Org.). *Narrativas do cotidiano*. Belo Horizonte: Autêntica, 2006. p. 43-60.

ANTUNES, Elton; GOMES, Itania. Repensar a comunicação com Raymond Williams: estrutura de sentimento, tecnocultura e paisagens afetivas. *Galáxia*, Especial 1 – Comunicação e Historicidades, p. 8-21, 2019.

APPADURAI, Arjun. *The future as cultural fact*. New York: Verso, 2013.

APPADURAI, Arjun. *Modernity at large*. Minneapolis: University of Minnesota Press, 1996.

ARNAU, Juan. *História de la imaginación*. Barcelona: Editorial Planeta, 2020.

AUGÉ, Marc. *Las formas del olvido*. Barcelona: Gedisa, 1998.

AUGÉ, Marc. *Que pasó con la confianza en el futuro?* Buenos Aires: Siglo Veintiuno, 2015.

AUGÉ, Marc. *El tempo en ruínas*. Barcelona: Gedisa, 2013.

AUGÉ, Marc. *El tiempo sin edad*. Buenos Aires: Adriana Hidalgo, 2016.

BABO, Maria Augusta. *Ficcionalidade e processos comunicacionais*. Disponível em: http://www.bocc.ubi.pt/pag/babo-augusta-literatura--ficcionalidade.pdf. Acesso em: 12 ago. 2022.

BAKHTIN, Mikhail. *Estética da criação verbal*. São Paulo: Martins Fontes, 1992.

BAKHTIN, Mikhail. *Marxismo e filosofia da linguagem*. São Paulo: Hucitec, 1999.

BAKTHIN, Mikhail. *Questões de literatura e estética*. São Paulo: Hucitec, 1988.

BARBOSA, Marialva; ENNE, Ana Lúcia. O jornalismo popular, a construção narrativa e o fluxo do sensacional. *Revista Eco-Pós*, v. 8, n. 2, p. 67-87, 2005.

BARBOSA, Marialva; RIBEIRO, Ana Paula. *Comunicação e História*. Florianópolis: Insular, 2011.

BARNHURST, Kevin. *Mister Pulitzer and the Spider*. Chicago: University of Illinois Press, 2016.

BARTHES, Roland. *O rumor da língua*. Lisboa: Ed. 70, 1984.

BAUER, Martin; GASKELL, George. *Pesquisa qualitativa em imagem e som*. Petrópolis, RJ: Vozes, 2014.

BAUMAN, Richard; BRIGGS, Charles L. Poética e performance como perspectivas críticas sobre linguagem e vida social. *Ilha* – Revista de Antropologia, p. 185-229, 2006.

BAUMAN, Zygmunt. *Retrotopia*. Rio de Janeiro: Zahar, 2017.

BENETTI, Marcia; FONSECA, Virgínia (Org.). *Jornalismo e acontecimento*: mapeamentos críticos. Florianópolis: Insular, 2010.

BENJAMIN, Walter. *Magia e técnica, arte e política*. São Paulo: Brasiliense, 1996.

BENJAMIN, Walter. *O contador de histórias e outros textos*. São Paulo: Hedra, 2020.

BENVENISTE, Émile. *Problemas de linguística geral*. Campinas: Pontes, 1991.

BERGER, Christa; HENN, Ronaldo; MAROCCO, Beatriz (Org.). *Jornalismo e acontecimento*: diante da morte. Florianópolis: Insular, 2012.

BERTOL, Rachel; MAIA, Jussara; VALLE, Flávio; MANNA, Nuno (Org.). *Catástrofes e crises do tempo*. Belo Horizonte: Selo PPGCOM/ UFMG, 2020.

BIRD, S. Elizabeth; DARDENNE, Robert. Mito, registo e estória. In: TRAQUINA, Nélson. *Jornalismo: questões, teorias e estórias*. Lisboa: Vega, 1999. p. 81-99.

BIRD, S. Elizabeth; DARDENNE, Robert. Rethinking news and myth as storytelling. In: WHAL-JORGENSEN, K.; HANIZSTCH, T. (Org.). *The handbook of journalism studies*. New York: Routledge, 2009. p. 80-109.

BOOTH, Wayne. *The Company we keep*. Los Angeles: University of California Press, 1989.

BORRAT, Hector. *El periódico como ator político*: Barcelona: Gustavo Gilli, 1989.

BRAGA, José Luís. Comunicação, disciplina indiciária. *Matrizes*, São Paulo, p. 73-88, 2008.

BRAGANÇA, Maurício. Melodrama. Notas sobre sobre uma tradição/ tradução de uma linguagem reinventada. *Eco-pós*, v. 10, n. 2, p. 29-47, 2007.

BRETAS, Beatriz. Interações cotidianas. In: GUIMARÃES, César; FRANÇA, Vera (Orgs.). *Na mídia, na rua*: narrativas do cotidiano. Belo Horizonte: Autêntica, 2006.

BROOKS, Peter. *The melodramatic imagination*: Balzac, Henry James, melodrama, and the mode of excess. New Haven: Yale University Press, 1995.

BUTLER, Judith. *Quadros de guerra*: quando a vida é passível de luto? Rio de Janeiro: Civilização Brasileira, 2015.

BUTLER, Judith; GAMBETTI, Zeynep; SABSAY, Letica (Org.). *Vulnerability in resistance*. Durham: Duke University Press, 2016.

BUTLER, Judith; LIEBER, Andreas. *Vida precária*: os poderes do luto e da violência. Belo Horizonte: Autêntica, 2019.

CADENAS, Marisol; BLASER, Mario (Org.). *A world of many worlds*. Durham: Duke University Press, 2018.

CARR, David. *Experience and history*. London: Oxford University Press, 2014.

CARVALHO, Carlos A. A narrativa jornalística a partir da tríplice mímesis de Paul Ricoeur. *Matrizes*, v. 6, n. 1-2, p. 169-188, 2012.

CARVALHO, Carlos Alberto de; LAGE, Leandro. Narrativa como mediação fundamental da experiência dos acontecimentos. *Contemporânea, Salvador, UFBA*, v. 10, n. 1, jan/abril 2012, p. 207-222.

CASETTI, Francesco; CHIO, Francisco. *Análisis de la televisión*. Barcelona: Paidós, 1999.

CASTORIADIS, Cornelius. *A instituição imaginária da sociedade*. Rio de Janeiro: Paz e Terra, 1982.

CASTRO, Maria Gabriela A. *Imaginação em Paul Ricoeur*. Lisboa: Instituto Piaget, 2003.

CERTEAU, Michel de. *A invenção do cotidiano*: artes de fazer. 3. ed. Petropolis, RJ: Vozes, 1998.

CHARTIER, Roger. *A ordem dos livros*: leitores, autores e bibliotecas na Europa entre os séculos XIV e XVIII. Brasília: Editora da UnB, 1994.

CHARTIER, Roger. *Os desafios da escrita*. São Paulo: Unesp, 2002.

CHARTIER, Roger. *A história ou a leitura do tempo*. Belo Horizonte: Autêntica, 2010.

COHEN, Philip (Org.). *Texts and textuality*. New York: Routledge, 1997.

COULDRY, Nick; HEPP, Andreas. *The Mediated Construction of Reality*. Cambridge: Polity Press, 2016.

DAVIES, Lennard. *Factual Fictions*: the origins of English novel. Pensilvânia: The University of Pensilvania Press, 1997.

DELUERMOZ, Quentin; SINGARAVÉLOU, Phelipe. *Hacia una historia de los posibles*. Buenos Aires: SB Editorial, 2018.

DEWEY, John. *Art as experience*. New York: Perigee, 1980.

DOLE, Christopher; HAYASHI, Robert; POE, Andrew; SARAT, Austin. *The Time of Catastrophe*. Multidisciplinary Approaches to the Age of Catastrophe. London: Routledge, 2015.

DOSSE, François. *Renascimento do acontecimento*. São Paulo: Unesp, 2012.

DUCH, Lluis. El contexto actual del mito. In: MÉLICH, J-C; MORETA, I; VEGA, A. (Org.). *Empalabrar el mundo*: el pensamiento antropológico de Lluís Duch. Barcelona: Fragmenta Editorial, 2011. p. 263-306.

DUCH, Lluis. *Antropologia de la vida cotidiana*. Madrid: Trotta, 2002.

DUCH, Lluis; CHILLÓN, Alberto. *Un ser de mediaciones*. Barcelona: Herder, 2012.

ECO, Umberto. *Sobre os espelhos e outros ensaios*. Rio de Janeiro: Nova Fronteira, 1989.

ECO, Umberto. *Os limites da interpretação*. São Paulo: Perspectiva, 1990.

ECO, Umberto. *Kant e o ornitorrinco*. Rio de Janeiro: Record, 1998.

ELIAS, Norbert. *Introdução à sociologia*. Lisboa: Difel, 2008.

ELLIS, John. Mundane witnessing. In: FROSH, Paul; PINCHEVSKI, Amit (Orgs.). *Media Witnessing*. New York: Palgrave McMillan, 2011. p. 73-88.

ELLIS, John. *Seeing things*: television in teh age of uncertainty. London: Tauris, 2000.

ERBOLATO, Mário. *Técnicas de decodificação em jornalismo*. 5. ed. São Paulo: Ática, 1991.

ESPOSITO, Roberto. *Tercera persona*. Madrid: Amorrortu, 2009.

FARRÉ, Marcela. *El noticiero como mundo posible*. Buenos Aires: La Crujia, 2006.

FERNANDES, Ronaldo. *O narrador do romance*. Rio de Janeiro: 7 Letras, 1996.

FIGUEIREDO, Vera. Novos realismos e o risco da ficção. *Comunicação, mídia e consumo*, São Paulo, v. 6, n. 16, jul. 2009.

FIGUEIREDO, Vera. Encenação da ficção: fim ou apogeu da realidade? *Matrizes,* São Paulo, n. 1, 2009.

FONTCUBIERTA, Mar; BORRAT, Hector. *Periódicos*: sistemas complejos, narradores en interacción. Buenos Aires: La Crujia Ediciones, 2006.

FOUCAULT, Michel. *História da Sexualidade I*. Rio de Janeiro: Graal, 1981.

FROSH, Paul; PINCHEVSKI, Amit (Org.). *Media Witnessing*. New York: Palgrave McMillan, 2011.

GARCIA-NOBLEJAS, Juan José. *Comunicacion y mundos posibles*. Pamplona: Universidad de Navarra, 2005.

GINZBURG, Carlo. *A micro-história e outros ensaios*. Lisboa: Difel; Rio de Janeiro: Bertrand Brasil, 1989.

GOMES, Itania. A noção de gênero televisivo como estratégia de interação: o diálogo entre os cultural studies e os estudos da linguagem. *Revista Fronteira*, Unisinos, São Leopoldo-RS, v. IV, n. 2, p. 11-28, 2002.

GOMES, Itania. *Televisão e realidade*. Salvador: EdUFBA, 2009.

GOMES, Itania. Gênero televisivo como categoria cultural: um lugar no centro do mapa das mediações de Jesús Martín-Barbero. *Revista Famecos*, v. 18, p. 111-130, 2011.

GOMES, Itania; MANNA, Nuno. Outros tempos possíveis: disputas de valores e convenções do jornalismo em Tempos Fantásticos. *Contracampo*, p. 169-190, 2018.

GOMES, Wilson. *Jornalismo, fatos e interesses*. Florianópolis: Insular, 2009.

GÓMEZ, Mariano. *Teoria de la historicidad*. Madrid: Editorial Síntesis, 2007.

GOMIS, Lorenzo. *Teoría del periodismo*: cómo se forma el presente. Barcelona: Ediciones Paidós, 1991.

GRACÍA, Jorge E. *Texts:* Ontological Status, Identity, Author, Audience. Albany, NY: State University of New York Press, 1996.

GRACÍA, Jorge E. *A theory of textuality*. New York: State of New York University Press, 1995.

GREIMAS, Algidas; COURTÉS, Joseph. *Dicionário de semiótica*. Campinas: Contexto, 2008.

GUMBRECHT, Hans Ulrich. *Nosso amplo presente*: O tempo e a cultura contemporânea. São Paulo: Editora Unesp, 2015.

GUMBRECHT, Hans Ulrich. *A modernização dos sentidos*. São Paulo: Editora 34, 1998.

GUMBRECHT, Hans Ulrich. O campo não-hermenêutico ou a materialidade da comunicação. In: GUMBRECHT, Hans Ulrich. *Corpo e forma*. Rio de Janeiro: Ed. Uerj, 1998. p. 137-153.

GUMBRECHT, Hans Ulrich. *Produção da presença*. São Paulo: Contraponto, 2010.

GUMPERT, Matthew. *The end of meaning*: studies in catastrophe. London: Cambridge Scholars Publishing, 2012.

GUTMANN, Juliana. Contexto comunicativo: pensando um operador para análise de estratégias comunicativas no telejornalismo. *Rumores, USP, São Paulo*, v. 7, p. 28, 2013.

GUTMANN, Juliana. Quando ruptura é convenção: o programa Gordo a Go-Go como espaço de experiência do talk show. *Contracampo*, UFF, v. 31, p. 61-78, 2014.

GUTMANN, Juliana. *Audiovisual em rede*. Belo Horizonte: Selo PPGCOM/UFMG, 2021.

HARTOG, François. *Regimes de historicidade*: presentismo e experiências do tempo. Belo Horizonte: Editora Autêntica, 2014.

HELLER, Agnes. A estrutura da vida cotidiana. In: HELLER, Agnes. *O cotidiano e a história*. Rio de Janeiro: Paz e Terra, 2008.

HEPP, Andreas. *Cultures of Mediatization*. New York: Polity, 2012.

HEPP, Andreas. The communicative figurations of mediatized worlds. *Communicative figurations*, n. 1, 2013. Disponível em: http://www.kommunikative-figurationen.de/fileadmin/redak_kofi/Arbeitspapiere/CoFi_EWP_No-1_Hepp.pdf.

HILL, Annette. *Restyling factual TV*. London: Routledge, 2007.

HORN, E. *The future as catastrophe*. New York: Columbia University Press, 2018.

HUYSSEN, Andreas. *Culturas do passado-presente:* modernismos, artes visuais, políticas da memória. Rio de Janeiro: Contraponto, 2014a.

HUYSSEN, Andreas. *Políticas da memória no nosso tempo*. Lisboa: Universidade Católica Editora, 2014b.

INGOLD, Tim. *Estar vivo*. Petrópolis: Vozes, 2015.

ISER, Wolfgang. *Prospecting*: towards a literary antropology. New York: John Hopkins University Press, 1993.

JÁCOME, Phellipy. *A constituição moderna do jornalismo no Brasil*. Curitiba: Appris, 2020.

JAKOBSON, Roman. Do realismo artístico. In: TODOROV, Tzvetan (Org.). *Teoria da literatura*. Lisboa: Edições 70, 1999.

JAMESON, Frederic. *Post-modernism or the cultural logic of late capitalism*. Durham: Duke University Press, 1991.

JAMESON, Frederic. *Archaelogies of the future*. London: Verso, 2005.

JANOTTI JR., Jeder. *Gêneros Musicais em ambientações digitais*. Belo Horizonte: PPGCOM UFMG, 2020. v. 1. 74 p.

JANOTTI JR., Jeder (Org.) *Comunicação e estudos culturais*. Salvador: Edufba, 2011. v. 500. 197 p.

KEARNEY, Richard. *On Paul Ricoeur*. Berlington: Ashgate, 2004.

KOSELLECK, Reinhardt. *Crítica e crise*. Rio de Janeiro: Ed. Uerj, Contraponto, 1999.

KOSELLECK, Reinhardt. *Futuro Passado*: contribuições à semântica dos tempos históricos. Rio de Janeiro: Contraponto: Ed. PUC-Rio, 2006.

KOSELLECK, Reinhardt. *Estratos do tempo*. Rio de Janeiro: Contraponto, 2014.

KOVACH, Bill; ROSENSTEL, Tom. *Elementos do jornalismo*. São Paulo: Geração Editorial, 2003.

LANDOWSKI, Eric. *Presença do Outro*. São Paulo: Perspectiva, 2002.

LAGE, Leandro Rodrigues. *Testemunhos dos sofrimentos nas narrativas jornalísticas*. Florianópolis: Insular, 2018.

LAQUEUR, Thomas. *Inventando o sexo*. Rio de Janeiro: Relume-Dumará, 2001.

LATOUR, Bruno. *Diante de Gaia*. Rio de Janeiro: Ubu, 2020.

LATOUR, Bruno. *Jamais fomos modernos*. Rio de Janeiro: Ed. 34, 2019.

LATOUR, Bruno. *Onde aterrar?* Rio de Janeiro: Bazar do tempo, 2020.

LE BRUN, Annie. *O sentimento de catástrofe*: entre o real e o imaginário. São Paulo: Iluminuras, 2016.

LEAL, Bruno Souza. No embate entre tática e estratégias, o fluir e a fabulação do acontecimento. In: VOGEL, D.; MEDISTCH, E.; SILVA, G. (Orgs.). *Jornalismo e acontecimento 4:* tramas conceituais. Florianópolis: Insular, 2013, v. 1, p. 135-158.

LEAL, Bruno Souza. A historicidade da forma: a textualidade em questão. In: CHAMBAT-HOUILLON, Marie-France; COHEN, Evelyn; GOMES, Itania Maria Mota (Orgs.). *Estudos de Televisão Brasil França*. Salvador: EdUFBA, 2015. v. 1, p. 11-26.

LEAL, Bruno Souza. Do texto à textualidade na comunicação: contornos de uma linha de investigação. In: LEAL, B. S; CARVALHO, C. A; ALZAMORA, G. (Orgs.). *Textualidades mediáticas*. Belo Horizonte: Selo PPGCOM, 2018. v. 1, p. 17-34.

LEAL, Bruno Souza; CARVALHO, Carlos Alberto; ANTUNES, Elton. La violencia de género y los crímenes de proximidad como acontecimiento público: contradicciones en la escena mediática brasileña. In: ÁVAREZ-PERALTA, M.; FERNÁNDEZ, G.; MAZZOLLI, L. (Orgs.). *La mediación fragmentaria: Mediatización y controversia en la nueva esfera pública*. Madrid: Cuadernos Artesanos de Comunicación, 2017. v. 1, p. 269-284.

LEAL, Bruno Souza; BORGES, Felipe; TOGNOLO, Diogo. O futuro é para poucos: o destino da humanidade em séries de TV. *Contemporânea*, v. 17, n. 1, p. 50-81, 2019.

LEAL, Bruno Souza; SACRAMENTO, Igor. A tradição como problema nos estudos em Comunicação: reflexões a partir de Williams e Ricoeur. *Galáxia*, Especial 1 – Comunicação e Historicidades, p. 25-40, 2019.

LEAL, Bruno Souza; ANTUNES, Elton; VAZ, Paulo B. (Org.) *Para entender o jornalismo*. Belo Horizonte: Autêntica, 2014.

LEAL, Bruno Souza; CARVALHO, Carlos Alberto; ANTUNES, Elton (Orgs.). *Um problema cotidiano*: jornalismo e violência contra mulher no Brasil. Belo Horizonte: Selo PPGCOM/UFMG, 2020.

LEAL, Bruno Souza; COSTA, Verônica; CARVALHO, Carlos Alberto; JÁCOME, Phellipy. Crise e catástrofe como categorias interpretativas do tempo. *Contracampo*, Niterói, v. 40, n. 1, 2021.

LEAL, Bruno Souza; JÁCOME, Phellipy; KABALÍN, Julieta. Reflexões e miradas sobre um mundo *ch'ixi*. *Matrizes*, São Paulo, v. 15, n. 1, p. 299-314, 2021.

LEAL, Bruno Souza (Org.). *Imagens e imaginários da pandemia*. Belo Horizonte: Selo PPGCOM/UFMG, 2021.

LEAL, Bruno Souza *et al*. A pandemia e seus mortos. In: VIDIGAL, Liana; JÁCOME, Phellipy; PORTO, Gilson. (Orgs.). *Vulnerabilidades, narrativas e identidades, v. 2*. Belo Horizonte: Selo PPGCOM/UFMG, 2021 (no prelo).

LEAL, Bruno Souza *et al*. Entre a comunidade e a ipseidade dos mortos. In: VIDIGAL, Liana; JÁCOME, Phellipy; PORTO, Gilson (Orgs.). *Vulnerabilidades, narrativas e identidades, v. 2*. Belo Horizonte: Selo PPGCOM/UFMG, 2021 (no prelo).

LEAL, Bruno Souza. Vulnerabilidades: abordagens iniciais de um desafio à pesquisa. In: CARVALHO, Carlos Alberto; MIRANDA, Cíntia;

SOUSA, Maíra; LAGE, Leandro (Orgs.). *Vulnerabilidades, narrativas e identidades*. Belo Horizonte: Selo PPGCOM/UFMG, 2020.

LEAL, Bruno Souza; CARVALHO, Carlos A. *Narrativas e poéticas midiáticas*. São Paulo: Intermeios, 2013.

LEAL, Bruno Souza; GOMES, Itania. Catástrofe como figura de historicidade. In: BERTOL, Rachel; MAIA, Jussara; VALLE, Flávio; MANNA, Nuno (Orgs.). *Catástrofes e crises do tempo*. Belo Horizonte: Selo PPGCOM/UFMG, 2020.

LEAL, Bruno Souza. Do texto ao discurso: as normas sem história dos manuais de telejornalismo. In: GOMES, Itania Maria Mota (Org.). *Análise do Telejornalismo*: desafios teóricos- metodológicos. Salvador: Edufba, 2013.

LEAL, Bruno Souza. O jornalismo à luz das narrativas: perspectivas e questões. LEAL, Bruno; CARVALHO, Carlos (Org.). *Narrativas e poéticas midiáticas*. São Paulo: Intermeios, 2013.

LEAL, Bruno Souza. Para além da notícia: o jornal, sua identidade, sua voz. *Revista Fronteiras*, v. 11, p. 113-123, 2009.

LEAL, Bruno Souza. Saber das narrativas: narrar. GUIMARÃES, César & FRANÇA, Vera (Orgs.). *Na mídia, na rua*: narrativas do cotidiano. Belo Horizonte: Autêntica, 2006.

LEAL, Bruno Souza; ANTUNES, Elton. O acontecimento como conteúdo: limites e implicações de uma metodologia. In: LEAL, Bruno S.; ANTUNES, Elton; VAZ, Paulo Bernardo (Orgs.). *Jornalismo e acontecimento:* percursos metodológicos. Florianópolis: Insular, 2011. p. 17-36.

LEAL, Bruno Souza; CARVALHO, Carlos A. Aproximações à instabilidade temporal do contexto. *Revista Famecos* (on-line), v. 24, p. 1-17, 2017.

LEAL, Bruno Souza; CARVALHO, Carlos A; ANTUNES, Elton. Violence against Brazilian women in public and mediatic spheres. *Comunicar*, v. 26, p. 19-27, 2018.

LEAL, Bruno Souza; CARVALHO, Carlos Alberto; ANTUNES, Elton (Orgs.). *Um problema cotidiano*: jornalismo e violência contra mulher no Brasil. Belo Horizonte: Selo PPGCOM/UFMG, 2020.

LEAL, Bruno; CARVALHO, Carlos; ALZAMORA, Geane (Orgs.). *Textualidades mediáticas*. Barcelona: Editorial UOC, 2017.

LEAL, Bruno Souza; CARVALHO, Carlos Alberto. *Jornalismo e homofobia no Brasil*. São Paulo: Intermeios, 2012.

LEAL, Bruno Souza. Reflexões sobre a imagem: um estudo de caso. *E-Compós*, 2006.

LEAL, Bruno Souza; VALLE, Flávio. Informação e imagem no telejornalismo. *Intercom*, v. 32, p. 129-146, 2009.

LIMA, Luiz Costa. *História. Ficção. Literatura*. São Paulo: Companhia das Letras, 2006.

LINGIS, Alphonso. *Irrevocable: A philosophy of mortality*. Chicago: Chicago University Press, 2018.

LITS, Marc. L'information à l'heure numerique. *Recherches en communication*, Louvain, n. 28, p. 81-89, 2007.

LITS, Marc. Le récit mediatique: un oxymore programmatique? *Recherches en communications*, Louvain, n. 7, p. 37-59, 1997.

LYOTARD, Jean-François. *A condição pós-moderna*. 12. ed. Rio de Janeiro: José Olympio, 2009.

MANNA, Nuno. *Jornalismo e o espírito intempestivo*. Belo Horizonte: Selo PPGCOM, 2017.

MANNA, Nuno; LAGE, Igor. Uma "catástrofe do tempo": narrativa e historicidade pelas Vozes de Tchernóbil. *Galáxia*, Especial 1 – Comunicação e Historicidades, p. 34-46, 2019.

MARDONES, José Maria. *O retorno do mito*. Coimbra: Almedina, 2005.

MARTÍN-BARBERO, Jesus. *Dos meios às mediações*: comunicação, cultura e hegemonia. 2. ed. Rio de Janeiro: Editora da UFRJ, 2009.

MARTINS, Bruno. *Tipologia popular*: potências do ilegível na experiência do cotidiano. São Paulo: Annablume, 2007.

MARTINS, Moisés; LUZ, Maria; ANTUNES, Elton; VAZ, Paulo (Orgs.). *Os sentidos da morte na vida da mídia*. Curitiba: Appris, 2017.

MARTINS, Moisés; LUZ, Maria; VAZ, Paulo; ANTUNES, Elton (Orgs.). *Figurações da morte nos media e na cultura*. Braga: CECS/Uminho, 2016.

MAURÍCIO, Fernanda. Em busca de um telejornalismo legítimo: critérios de qualidade nas críticas de Artur da Távola dos anos 1970. *Significação*, v. 41, p. 57-778, 2014.

MAURÍCIO, Fernanda. Convenções históricas do talk show brasileiro: De 1950 a 1990. *Revista Eco-Pós*, v. 16, p. 191-204, 2013.

MAURÍCIO, Fernanda. Talk show: um gênero televisivo entre o jornalismo e o entretenimento. *E-Compós*, v. 12, p. 1-16, 2009.

MBEMBE, Achille. O tempo em movimento. *Contracampo*, v. 36, n. 3, p. 40-65, 2018.

MBEMBE, Achille. *Crítica da razão negra*. São Paulo: n-1, 2018.

MBEMBE, Achille. *Políticas da inimizade*. Lisboa: Antígona, 2017.

MEEKS, Allen. *Biopolitical Media*: Catastrophe, Immunity and Bare Life. London: Routledge, 2015.

MORANDO, Luiz. *Enverga, mas não quebra*: Cintura Fina em Belo Horizonte. Uberlândia: O sexo da palavra, 2020.

MORANDO, Luiz. *Paraíso das Maravilhas*: uma história do Crime do Parque. Belo Horizonte: Fino Traço, 2012.

MOTTA, Luiz Gonzaga. *Análise pragmática da narrativa*. Brasília: UnB, 2013.

MOTTA, Luiz Gonzaga. *Notícias do fantástico*. São Leopoldo: Unisinos, 2006.

MOUILLAUD, Maurice. *O jornal*: da forma ao sentido. 3. ed. Brasília: UnB, 2013.

MOUILLAUD, Maurice. *O jornal*: da forma ao sentido. Brasília: UnB, 1996.

MOURA, Maria Betânia. *Por uma teoria do formato jornalístico*. Belo Horizonte: Selo PPGCOM/UFMG, 2020.

MOURA, Maria Betânia. *Os nós da teia*. São Paulo: Annablume, 2006.

MUDROVCIC, Maria Inés. Crisis del futuro: política y tiempo. *Ariadna histórica*, v. 1, n. 4, p. 99-115, 2015.

MUDROVCIC, Maria Inés. Regímenes de historicidad y regímenes historiográficos: del pasado histórico al pasado presente. *Historiografías*, v. 1, n. 5, p. 30-55, 2013.

MUHLMANN, Géraldine. *A political history of journalism*. Cambridge: Polity Press, 2008.

NERONE, John. *The media and the public life*. New York: Polity, 2015.

NORD, David Paul. *Communities of journalism*. Chicago: University of Illinois Press, 2006.

NORD, David Paul. History of journalism and history of the book. In: ZELIZER, Barbie (Org.). *Explorations in communication and history*. New York: Routledge, 2008. p. 162-180.

NOVAES, Adauto. *Mutações*: o futuro não é mais o que era antigamente. São Paulo: Sesc, 2015.

NOVAES, Adauto. *Mutações*: o novo espírito utópico. São Paulo: Sesc, 2016.

PAVEL, Thomas. *Fictional worlds*. Boston: Havard University Press, 1988.

PAZ, Octávio. *A busca do presente*. São Paulo: Bazar do Tempo, 2017.

PASINATTO, Wânia. *Acesso à justiça e violência contra a mulher em Belo Horizonte*. São Paulo: Annablume, 2012.

PELLEGRINI, Tania. Realismo: postura e método. *Letras de hoje*, n. 4, v. 4, p. 137-155, 2007.

PERRONE-MOISÉS, Leyla. *Altas literaturas*. São Paulo: Companhia das Letras, 1998.

PETERS, John. Witnessing. In: FROSH, Paul; PINCHEVSKI, Amit (Orgs.). *Media Witnessing*. New York: Palgrave McMillan, 2011. p. 23-41.

PONTE, Cristina. *Para entender as notícias*: linhas de análise do discurso. Florianópolis: Insular, 2005.

QUÉRÉ, Louis. A dupla vida do acontecimento: por um realismo pragmatista. FRANÇA, Vera; OLIVEIRA, Luciana (Org.). *Acontecimento*: reverberações. Belo Horizonte: Autêntica, 2012.

QUÉRÉ, Louis. Entre o facto e sentido: a dualidade do acontecimento. *Trajectos*, Revista de Comunicação, Cultura e Educação, Lisboa, Instituto Superior de Ciências do Trabalho e da Empresa – Departamento de Sociologia, Seção de Comunicação, Cultura e Educação, n. 6, p. 59-75, 2005.

QUÉRÉ, Louis. O caráter impessoal da experiência. In: GUIMARÃES, César; LEAL, Bruno Souza; MENDONÇA, Carlos Camargos (Orgs.). *Entre o sensível e o comunicacional*. Belo Horizonte: Autêntica, 2010, p. 19-38

QUIJANO, Aníbal. Colonialidade do poder e classificação social. In: SANTOS, Boaventura S., MENEZES, Maria Paula (Orgs.). *Epistemologias do Sul*. Coimbra: Almedina, 2009.

RAMOS, Roberto. *Os sensacionalismos do sensacionalismo*. Porto Alegre: Sulina, 2012.

RANCIÈRE, Jacques. *A política da ficção*. Lisboa: KKYM, 2014.

RHINEY, Kevon. Text/Textuality. In: WARF, B. (ed). *Encyclopedia of Geography*. Thousand Oaks: Sage, 2010. p. 2809-2813.

RIBEIRO, Ana Paula, GOMES, I., LEAL, Bruno. A historicidade dos processos comunicacionais. MUSSE, Cristina, VARGAS, Herom, NICOLAU, Marcos (Orgs.). *Comunicação, mídia e temporalidades*. Salvador: EDUFBA, 2017. p. 37-58.

RIBEIRO, Ana Paula, SACRAMENTO, Igor, BUENO, Wilson, MELO, Alice. A catástrofe como tragédia: da metonímia à sinonímia. In: MAIA, Jussara, BERTOL, Rachel, VALLE, Flávio, MANNA, Nuno (Orgs.). *Catástrofes e crises do tempo*: historicidades dos processos comunicacionais. Belo Horizonte: Selo PPGCOM/UFMG, 2020. p. 20-25.

RIBEIRO, Ana Paula Goulart; MARTINS, Bruno Guimarães; ANTUNES, Elton. Linguagem, sentido e contexto: considerações sobre comunicação e história. *Revista Famecos* (on-line), v. 24, p. 27047, 2017.

RIBEIRO, Ana Paula Goulart; HERSCHMANN, Micael (Orgs.). *Comunicação e história*: interfaces e novas abordagens. Rio de Janeiro: Mauad X, 2008.

RIBEIRO, Ana Paula Goulart. "A mídia e o lugar da história". HERSCHMANN, Micael; PEREIRA, Carlos Alberto Messeder. *Mídia, memória e celebridades*. Rio de Janeiro: E-Papers, 2003.

RIBEIRO, Ana Paula. A memoria e o mundo contemporâneo. RIBEIRO, Ana Paula; FREIRE FILHO, João; HERSCHMANN, Micael (Orgs.). *Entretenimento, felicidade e memória*: forças moventes do contemporâneo. São Paulo: Anadarco, 2012, p. 64-84.

RICOEUR, Paul. *Do texto à acção*. Porto: Res, 1991.

RICOEUR, Paul. *Ideologia e Utopia*. Lisboa: Edições 70, 2002.

RICOEUR, Paul. *A história, a memória, o esquecimento*. Campinas: Unicamp, 2007.

RICOEUR, Paul. *Percurso do reconhecimento*. São Paulo: Loyola, 2007.

RICOEUR, Paul. *O Justo – vol. 2*. São Paulo: WMF Martins Fontes, 2009.

RICOEUR, Paul. *Tempo e narrativa*. São Paulo: WMF, 2010. 3v.

RICOEUR, Paul. *O si-mesmo como outro*. São Paulo: Martins Fontes, 2014.

RICOEUR, Paul. Cinco lições: da linguagem à imagem. *Sapere Aude*, Belo Horizonte: Puc-Minas, v. 4, n. 8, p. 13-36, 2013. Disponível em http://periodicos.pucminas.br/index.php/SapereAude/article/view/6426/5959.

RICOEUR, Paul. CASTORIADIS, Cornelius. *Diálogo sobre a História e o imaginário social*. Lisboa: Edições 70, 2018.

RIO, João do. *As religiões do Rio*. Rio de Janeiro: José Olympio Editora, 2006.

RIVERA CUSICANQUI, S. *Un mundo ch'ixi es posible*. Ensayos desde un presente en crisis. Buenos Aires: Tinta Limón, 2018.

RODRIGUES, Adriano Duarte. *Comunicação e cultura*. Lisboa: Presença, 2010.

ROUSSO, Henri. *A última catástrofe*: a história, o presente, o contemporâneo. Rio de Janeiro: FGV Editora, 2016.

SANTIAGO, Silviano. O narrador pós-moderno. In: SANTIAGO, Silviano. *Nas malhas das letras*. São Paulo: Companhia das Letras, 1989.

SARDAR, Ziauddin. Other futures: non-western cultures in Future Studies. In: INAYATULLAH, I.; BOXWELL, G. (Orgs.). *The Ziauddin Sardar Reader*. London: Pluto Press, 2003.

SCHOLLHAMMER, Karl Erik. *Ficção brasileira contemporânea*. Rio de Janeiro: Civilização Brasileira, 2009. v. 1. 176 p.

SCHOLLHAMMER, Karl Erik. *Cena do Crime*. Rio de Janeiro: Civilização Brasileira, 2013.

SCHOLLHAMMER, Karl Erik. Do realismo ao pós-realismo. *Scripta*, v. 20, p. 14-21, 2016.

SCHOLLHAMMER, Karl Erik. O realismo afetivo: evocar realismo além da representação. *Estudos de Literatura Brasileira Contemporânea*, v. 39, p. 129-148, 2012.

SCHUDSON, Michael. *Descobrindo a notícia*. Petrópolis: Vozes, 2010.

SCHUDSON, Michael. *The sociology of the news*. London: W.W. Norton & Company, 2003.

SCHUDSON, Michael. Public spheres, imagined communities and the underdeveloped understanding of journalism. In: ZELIZER, Barbie (Org.). *Explorations in communication and history*. New York: Routledge, 2008. p. 181-189.

SCHUTZ, Alfred. *Phenomelogy of the social world*. Evanston: Nortwestern University Press, 1967.

SELIGMANN-SILVA, Márcio. O local do testemunho. *Tempo e Argumento*, v. 2, n. 1, p. 3-20, 2010.

SILVERMAN, Hugh J. *Textualities* – between hermeutics and deconstruction. New York: Routledge, 1994.

SODRÉ, Muniz. *A narração do fato*. Petrópolis: Vozes, 2012.

SODRÉ, Muniz; PAIVA, Raquel. *O império do grotesco*. Rio de Janeiro: Mauad X, 2014.

SOUSA SANTOS, Boaventura. *O fim do império cognitivo*. Belo Horizonte: Autêntica, 2019.

SOUZA, Herbert. *A lista de Alice*. São Paulo: Companhia das Letras, 1996.

SPARROW, Tom. (Ed.). *The Alphonso Lingis Reader*. Minneapolis: University of Minnesota Press, 2018.

SUSSEKIND, Flora. *Tal Brasil, qual romance?* Rio de Janeiro: Achiamé, 1984.

TAYLOR, Diana. *Presente! The politics of presence*. Durham: Duke University Press, 2020.

TÉTU, Jean-François. L'actualité, ou l'impasse du temps. *Sciences de l'information et de la communication*. Textes essentiels. Larousse, Paris, 1993. Disponível em: http://halshs.archives-ouvertes.fr/docs/00/39/61/86/HTML/. Acesso em: 31 ago. 2012.

TÉTU, Jean-François. La temporalité des récits d'information. VITALIS, et al. *Les medias et le temps*. 2009. Disponível em: http://halshs.archives-ouvertes.fr/docs/00/39/62/71/PDF/tetu_temporalite.pdf. Acesso em: 31 ago. 2012.

THOMASSEAU, Jean-Marie. *Melodrama*. São Paulo: Perspectiva, 2005.

TOMLINSON, Matt. *Ritual textuality*. New York: Oxford University Press, 2014.

TRAQUINA, Nélson (Org.). *Jornalismo: questões, teoria e "estórias"*. 2. ed. Lisboa: Vega, 1999.

TRAQUINA, Nelson. *Teorias do jornalismo*. Florianópolis: Insular. 2005.

TUCHMAN, Gaye. Contando "estórias". In: TRAQUINA, Nelson (Org.). *Jornalismo: questões, teorias e "estórias"*. Lisboa: Vega, 1999.

TUAN, Yun Fat. *Espaço e lugar*. Campinas: Eduel, 1995.

VAL, Maria das Graças Costa. *Redação e textualidade*. São Paulo: Martins Fontes, 2016.

VILAS BÔAS, Valéria Maria. Jornalismo de si: subjetividade e partilha de experiências na cultura contemporânea. *Logos*, v. 24, p. 31-45, 2017.

VIVEIROS DE CASTRO, Eduardo; DANOWSKI, Déborah. *Há mundo por vir?* Florianópolis: Cultura e Barbárie, 2014.

VOGEL, Daisi; SILVA, Gislene; MEDITSCH, Eduardo (Orgs.). *Jornalismo e acontecimento 4*. Florianópolis: Insular, 2012.

VOLLI, Ugo. *Manual de Semiótica*. São Paulo: Loyola, 2008.

WEEKS, Jeffrey. *Sex, politics and society*: the regulation of sexuality since 1800. 4. ed. London: Routledge, 2017.

WHITE, Hayden. *El contenido de la forma*. Madrid: Paidós, 1992.

WHITE, Hayden. *The fiction of narrative*. New York: John Hopkins University Press, 2010.

WILLIAMS, Raymond. *Marxismo e literatura*. Trad. Waltensir Dutra. Rio de Janeiro: Jorge Zahar, 1979.

WILLIAMS, Raymond. Utopia and Science Fiction. *Science Fiction Studies*, 16, v. 5, parte 3, novembro de 1978.

WOLF, Mauro. *Teorias da comunicação*. Lisboa: Editorial Presença, 1994.

WOOD, James. *Como funciona a ficção*. São Paulo: Cosac & Naify, 2011.

WUNENBURGUER, Jean-Jacques. *O imaginário*. São Paulo: Loyola, 2007.

XAVIER, Ismail. *O olhar e a cena*. São Paulo: Cosac & Naify, 2003.

YIN, Robert. *Estudo de caso*: planejamento e método. São Paulo: Bookman, 2014.

ZELIZER, Barbie. Os jornalistas como comunidade interpretativa. In: TRAQUINA, Nélson (Org.). *Jornalismo 2000: Revista de Comunicação e Linguagens*, Lisboa, Universidade Nova de Lisboa, n. 27, p. 50-65, fev 2000.

ZELIZER, Barbie (Org.). *Explorations in communication and history*. New York: Routledge, 2008.

ZELIZER, Barbie (Org.). *The changing faces of journalism*: tabloidization, technology and truthyness. New York: Routledge, 20

(51) 99189 9551
mariaclo918@gmail.com

Este livro foi confeccionado especialmente para a
Editora Meridional Ltda., em Times New Roman e Swiss721,
e impresso na Gráfica Odisséia.